AF734129

Die Verordnungen

über die

Ehrengerichte im Heer und in der Marine

nebst den Verordnungen

über die

Ehrengerichte der Kaiserlichen Schutztruppen und der Sanitätsoffiziere

mit

Erläuterungen und Sachregister.

(Sonderabdruck aus dem Werke:
„Militärstrafrecht für Heer und Marine" von **K. Elsner v. Gronow**
und **G. Sohl**, Kriegsgerichtsräten der 36. Division.)

Berlin 1906.
Verlag von H. W. Müller.
(W. 35) Potsdamerstr. 121 k.

Inhaltsübersicht.

Verzeichnis der Abkürzungen.

AB. = Allerhöchster Befehl bzw. Allerhöchste Befehle.
Abs. = Absatz.
AE. = Allerhöchster Erlaß.
AKO. = Allerhöchste Kabinettsorder.
Anm. = Anmerkung.
Art. = Artikel.
AV. bzw. AVO. = Allerhöchste Verordnung.
AVBl. = Preußisches Armeeverordnungsblatt.
BGB. = Bürgerliches Gesetzbuch.
DStO. = Disziplinarstrafordnung für das Heer v. 31/10 72.
EG. = Einführungsgesetz.
Fr.Bes.V. = Friedensbesoldungsvorschrift v. 10/3 98.
GS. = Gesetzsammlung für die Preuß. Staaten.
HO. = Heerordnung v. 22/11 88.
Kab.Schr. = Schreiben des Militärkabinetts.
KM. = Kriegsministerium.
Mar. = Marine.
MO. = Marineordnung v. 12/11 94.
MStGB. = Militärstrafgesetzbuch v. 20/6 72.
MStGO. = Militärstrafgerichtsordnung v. 1/12 98.
MStVV. = Militärstrafvollstreckungsvorschrift v. 9/2 88.
MVBl. = Marineverordnungsblatt.
OVO. = Verordnung über die Ehrengerichte der Offiziere v. 2/5 74.
RBG. = Reichsbeamtengesetz v. 31/3 73.
RDG. = Richterdisziplinargesetz v. 1/12 98.
RGes. = Reichsgesetz.
RMG. = Reichsmilitärgesetz v. 2/5 74.
RStGB. = Reichsstrafgesetzbuch v. 15/5 71.
RStPO. oder StPO. = Reichsstrafprozeßordnung v. 1/2 77.
S. = Seite oder siehe.
VO. = Verordnung.
Z. = Ziffer.

A. Verordnung über die Ehrengerichte der Offiziere

im Preußischen Heere vom 2. Mai 1874.*)

B. Allerhöchste Order vom 2. Nov. 1875 für die Marine.**)

Ich will, daß die heute von Mir vollzogene Verordnung über die Ehrengerichte der Offiziere in Meinem Heere — Meiner Marine — in dem Geiste verstanden und angewendet wird, der Mein Heer von Alters her — Meine Marine seit ihrem Bestehen — ausgezeichnet hat.

Ich erwarte daher von dem gesamten Offizierkorps Meines Heeres — Meiner Marine —, daß ihm, wie bisher so auch in Zukunft, die Ehre das höchste Kleinod sein wird; dieselbe rein und fleckenlos zu erhalten, muß die heiligste Pflicht des ganzen Standes, wie des Einzelnen bleiben. Die Erfüllung dieser Pflicht schließt die gewissenhafte und vollständige Erfüllung aller anderen Pflichten des Offiziers in sich. Wahre Ehre kann ohne Treue bis in den Tod, ohne unerschütterlichen Mut, feste Entschlossenheit, selbstverleugnenden Gehorsam, lautere Wahrhaftigkeit, strenge Verschwiegenheit, wie ohne aufopfernde Erfüllung selbst der anscheinend kleinsten Pflichten nicht bestehen. Sie verlangt, daß auch in dem äußeren Leben des Offiziers sich die Würde ausdrücke, die aus dem Bewußtsein hervorgeht, dem Stande anzugehören, dem die Verteidigung von Thron und Vaterland anvertraut ist. — Der Offizier soll bestrebt sein, nur diejenigen Kreise für seinen Umgang zu wählen, in denen gute Sitte herrschend ist, und darf am wenigsten an öffentlichen Orten aus dem Auge lassen, daß er nicht bloß als gebildeter Mann, sondern auch als Träger der Ehre und der gesteigerten Pflichten seines Standes auftritt. Von allen Handlungen, welche dem Ruf des einzelnen oder der Genossenschaft nachteilig werden können, besonders von allen Ausschweifungen, Trunk und Hazardspiel, von der Übernahme solcher Verpflichtungen, mit denen auch nur der Schein unredlichen Benehmens verbunden sein könnte, vom hazardmäßigen Börsenspiel, von der Teilnahme an Erwerbsgesellschaften, deren Zweck nicht unantastbar und deren Ruf nicht tadellos ist, sowie überhaupt von jedem Streben nach Gewinn auf einem Wege, dessen Lauterkeit nicht klar erkennbar ist, muß der Offizier sich weit abhalten. Sein Ehrenwort darf er nie leichtsinnig verpfänden.

---

*) Die VO. ist auch in Bayern, Sachsen u. Württemberg eingeführt. Über die gesetzliche Kraft der VO. vgl. Art. 4 Z. 14, 61, 63 der Reichsverfassung; § 8 RMG.

**) Alles, was im Text in lateinischer Schrift gedruckt ist, bezieht sich nur auf die Marine. Was im Text der VO. für das Heer gesperrt gedruckt ist, lautet anders als in der für die Marine und wird durch das lateinische ersetzt.

Je mehr anderwärts Luxus und Wohlleben um sich greifen, um so ernster tritt an den Offizierstand die Pflicht heran, nie zu vergessen, daß es nicht materielle Güter sind, welche ihm die hochgeehrte Stellung im Staate und in der Gesellschaft erworben haben und erhalten werden. Nicht nur, daß die kriegerische Tüchtigkeit des Offiziers durch eine verweichlichende Lebensweise beeinträchtigt werden könnte, sondern völlige Erschütterung des Grundes und Bodens, worauf der Offizierstand steht, ist die Gefahr, welche das Streben nach Gewinn und Wohlleben mit sich bringen würde.

Je eifriger die Offizierkorps treue Kameradschaft und richtigen Korpsgeist pflegen, um so leichter werden sie Ausschreitungen vorbeugen, auf Abwege geratende Kameraden in die richtigen Bahnen zurückleiten, unnütze Händel und unwürdige Zänkereien vermeiden.

Niemals darf das berechtigte Selbstgefühl des Offiziers in Mangel an Achtung oder in Überhebung gegen andere Stände ausarten. Je mehr der Offizier seinen Beruf liebt und je höher er dessen Zwecke auffaßt, um so mehr wird er ermessen, in wie hohem Grade das volle Vertrauen aller Stände zum Offizierstande eine Bedingung für die erfolg- und ruhmreiche Lösung der letzten und höchsten Aufgabe des Heeres — der Marine — ist.

Ich habe das Vertrauen zu den Offizieren des Beurlaubtenstandes und zu den verabschiedeten Offizieren, welchen Ich die Beibehaltung der äußeren Zeichen des Standes bewilligt habe, daß, wie sie fortdauernd Anteil an der Standesehre haben, sie der Verpflichtung, für die Wahrung dieser Ehre zu sorgen, auch in ihren bürgerlichen Verhältnissen stets eingedenk bleiben werden.

Dafür, daß in den Offizierkorps des stehenden Heeres — der Marine — und des Beurlaubtenstandes ein geläutertes Ehrgefühl sich lebendig erhalte, sind Mir zunächst die Regimentskommandeure und — Kommandeure der Matrosendivisionen, die Kommandanten Meiner Schiffe und Fahrzeuge sowie — diejenigen Befehlshaber, welchen gleiche Pflichten obliegen, verantwortlich. Sie vor allen besitzen in den ihnen für die Heranbildung der jüngeren Offiziere zu Gebot stehenden Mitteln die Möglichkeit, auf die Erhaltung des Geistes, welcher allein ein Heer — eine Marine — groß macht, weit über den Bereich und die Dauer ihrer eigenen Wirksamkeit hinaus Einfluß zu üben. Dieser Pflicht werden sie besonders dann mit Erfolg genügen, wenn sie die jüngeren Offiziere ernstlich anhalten, den wohlgemeinten Weisungen ihrer älteren Kameraden nachzukommen, und wenn sie ebenso diese nicht im Zweifel darüber lassen, daß es eine wesentliche Pflicht der älteren Offiziere ist, ihre jüngeren Kameraden zu überwachen und zu sich heranzubilden.

Wenn in dieser Art durch Erziehung, Beispiel, Belehrung, Warnung und Befehl entsprechend gewirkt wird, müssen Vorkommnisse, welche den in der Verordnung über die Ehrengerichte angeordneten Spruch der Standesgenossen erheischen, immer seltener werden.

Die Bestimmungen dieser Verordnung haben den Zweck, die Pflege der bewährten Überlieferungen ritterlichen Sinnes im Offizierstande zu fördern, und gewähren die Mittel, da, wo einen Offizier der Vorwurf trifft, er habe Schaden an seiner Ehre gelitten oder wo er selbst dies befürchtet, im geordneten Wege einzuschreiten.

Hierbei sollen die Ehrenräte die Organe der Kommandeure bilden, während diesen die Leitung der Ehrengerichte und die Verantwortung für die richtige Behandlung der in ihrem Dienstbereiche vorkommenden ehrengerichtlichen Angelegenheiten ausschließlich obliegt. Auch sollen die Ehrenräte denjenigen ihrer Kameraden, welche an sie in Ehrensachen sich wenden, mit kameradschaftlichem Rate zur Seite stehen. Indem Ich die Zusammensetzung der Ehrenräte der Offizierkorps von der Wahl der Kameraden abhängig gemacht habe, ist es nicht allein Meine Absicht, den Kommandeuren für die oft schwierigen Geschäfte in Ehrensachen besonders geeignete Organe zu geben, sondern auch die, solche Offiziere für diese Funktionen zu finden, welche das Vertrauen ihrer Kameraden in so hohem Grade besitzen, daß sie mit Erfolg als deren berufene Ratgeber in Ehrensachen wirken können. Ich setze voraus, daß kein Offizier sich bei der Wahl von anderen als mit dieser Meiner Absicht übereinstimmenden Beweggründen wird leiten lassen.

Die Ehrengerichte aber haben die doppelte Aufgabe, sowohl durch ihren Spruch die Ehre des einzelnen von unbegründeten Verdächtigungen, insoweit ihm andere standesgemäße Wege hierzu nicht offen stehen, zu reinigen, als auch zur Wahrung der Ehre des Standes gegen diejenigen Mitglieder desselben, deren Benehmen dem richtigen Ehrgefühl und den Verhältnissen des Offizierstandes nicht entspricht, einzuschreiten. Die Fälle, in denen ein solches Einschreiten erforderlich werden kann, lassen sich nicht erschöpfend voraus bestimmen; sie im einzelnen zu erkennen, soll Mein vorstehend ausgesprochener Wille einen Anhalt geben.

Zugleich halte Ich hierbei Mich versichert, daß die Befehlshaber, in richtiger Würdigung der zur Wahrung der Disziplin und zur Aufrechterhaltung ihrer Autorität ihnen verliehenen Strafbefugnisse solche Fälle, welche im Disziplinarwege füglich erledigt werden können, nicht zum ehrengerichtlichen Verfahren verweisen werden, um die gewichtige Bedeutung eines ehrengerichtlichen Spruchs nicht herabzudrücken.

Bei allen Verhandlungen der Ehrenräte und der Ehrengerichte soll neben den Rücksichten auf die Erhaltung der Standesehre der Sinn wechselseitigen Wohlwollens walten. Das Verfahren soll auf Erörterung der Anschuldigungspunkte sich beschränken und nicht auf Nebendinge eingehen, oder durch unnötige Förmlichkeiten erschwert oder aufgehalten werden. Auch ist hierbei stets ernstlich darauf zu halten, daß innere Angelegenheiten eines Offizierkorps nicht weiter aus dessen Kreis hinausgetragen werden, als unumgänglich nötig ist.

In dem Vertrauen, daß edle Sitte und guter Ton in den Offizierkorps Meines Heeres — Meiner Marine — sich heimisch erhalten, und Privatstreitigkeiten und Beleidigungen der Offiziere untereinander immer seltener vorkommen werden, habe Ich das durch die Verordnung II. vom 20. Juli 1843 vorgeschriebene Verfahren außer Kraft gesetzt.*) Nur soll für den Offizier, welcher mit einem anderen Offizier in eine die Ehre berührende Privatzwistigkeit gerät, die Verpflichtung fortbestehen, seinem Ehrenrat und zwar spätestens, wenn er eine Herausforderung zum Zweikampf erläßt oder erhält, hiervon Anzeige zu machen, oder durch einen Kameraden Anzeige machen zu lassen. Der Ehrenrat hat alsdann sofort und möglichst noch vor Vollziehung des Zweikampfes dem Kommandeur Meldung zu erstatten und da, wo die Standessitte es irgend zuläßt, einen Sühne=

*) Vgl. jetzt die Ergänzungsorders v. 1/1 97 in den Anlagen.

versuch vorzunehmen; falls dieser aber nicht gelingt, dahin zu wirken, daß die Bedingungen des Zweikampfes zur Schwere des Falles in keinem Mißverhältnis stehen. Kommt es zum Zweikampf, so hat der Präses des Ehrenrats oder ein Mitglied desselben sich als Zeuge auf den Kampfplatz zu begeben und darauf zu achten, daß bei Vollziehung des Zweikampfes die Standessitte gewahrt wird.

Auf ehrengerichtlichem Wege soll wegen eines Zweikampfes nur dann gegen Offiziere eingeschritten werden, wenn der eine oder der andere der Beteiligten bei dem Anlaß oder dem Austrag der entstandenen Privatstreitigkeit gegen die Standesehre gefehlt hat. — Dies muß insbesondere in dem immerhin möglichen Falle geschehen, wenn ein Offizier in frevelhafter Weise einem Kameraden ohne jede Veranlassung eine schwere Beleidigung zugefügt haben sollte. Denn einen Offizier, welcher imstande ist, die Ehre eines Kameraden in frevelhafter Weise zu verletzen, werde Ich ebensowenig in Meinem Heere dulden, wie einen Offizier, welcher seine Ehre nicht zu wahren weiß.

Die Regimentskommandeure und die ihnen gleichstehenden — Kommandeure der Matrosendivisionen, die Kommandanten Meiner Schiffe und Fahrzeuge und die in entsprechendem Verhältnis stehenden — Befehlshaber haben dafür Sorge zu tragen, daß jeder neu ernannte Offizier des stehenden Heeres und des Beurlaubtenstandes — aktive Offizier und des Beurlaubtenstandes Meiner Marine — von dieser Meiner Order Kenntnis erhält. Auch ist durch gelegentliches Vorlesen bei Versammlungen des Offizierkorps Mein hier ausgesprochener Wille den Offizieren Meines Heeres — Meiner Marine — öfter in Erinnerung zu bringen.

Berlin, den 2. Mai 1874.
Berlin, den 2. November 1875.

Wilhelm.

An das Kriegs-Ministerium.
An den Chef der Admiralität.

Verordnung über die Ehrengerichte der Offiziere im Preußischen Heere vom 2. Mai 1874.

Ich befehle hierdurch, unter Aufhebung aller bisherigen Bestimmungen über das ehrengerichtliche Verfahren, daß von jetzt ab die von Mir am heutigen Tage vollzogene Verordnung über die Ehrengerichte der Offiziere im Preußischen Heere in Kraft treten soll. Die Wahl der Ehrenräte für die Ehrengerichte über Hauptleute, Rittmeister und Subalternoffiziere hat jedoch da, wo ein Ehrenrat schon besteht, erst am 1. September d. J. oder an einem der nächstfolgenden Tage zum ersten Male stattzufinden und sind diejenigen ehrengerichtlichen Untersuchungen, in welchen das förmliche Verfahren bereits angeordnet ist, möglichst beschleunigt da zu Ende zu führen, wo sie eingeleitet wurden. Sollten in einzelnen Fällen über die Zuständigkeit der Ehrengerichte oder über die Auslegung und Anwendung der Vorschriften über die Behandlung der ehrengerichtlichen Angelegenheiten Zweifel entstehen, so haben die kommandierenden Generale dieselben zu erledigen, nötigenfalls darüber unmittelbar Meine Entscheidung einzuholen. Das Kriegs-Ministerium hat hiernach die weitere Bekanntmachung an die Armee zu veranlassen.

Berlin, den 2. Mai 1874.

Wilhelm.

An das Kriegs-Ministerium.

Für die **Marine:**

Allerhöchste Order vom 20. März 1899.

Im Verfolg Meiner Order vom 14. März dieses Jahres bestimme Ich hierdurch: 1. In Abänderung Meiner Order vom 26. Juli 1895 ist in allen Fällen, in denen über die Zuständigkeit oder über die Auslegung und Anwendung der Vorschriften über die Behandlung der ehrengerichtlichen Angelegenheiten Zweifel entstehen, unmittelbar Meine Entscheidung einzuholen. 2. Die von Mir unter dem 1. Januar 1897 erlassenen Bestimmungen zur Vorbeugung von Zweikämpfen und Meine unter dem 26. Juli 1895 erlassene Verordnung über die Ehrengerichte der Offiziere Meiner Marine*) sind, wie in der Anlage geschehen, abzuändern. — Sie haben hiernach die weitere Bekanntmachung an die Marine zu veranlassen.

An Bord Meines Linienschiffes „Kurfürst Friedrich Wilhelm", Kiel, den 20. März 1899.

Wilhelm.

An den Reichskanzler (Reichs-Marine-Amt).

Allerhöchste Order vom 26. Juli 1895.

Die Erweiterung Meiner Marine hat Mich veranlaßt, in der unter dem 2. November 1875 erlassenen Verordnung über die Ehrengerichte der Offiziere in Meiner Marine Änderungen eintreten zu lassen. Indem Ich befehle, daß die angeschlossene, von Mir am heutigen Tage vollzogene Verordnung in Stelle der bisherigen Verordnung in Kraft zu treten hat, bestimme Ich gleichzeitig, daß die an den Chef der Admiralität gerichtete Order vom 2. November 1875 auch der neuen Verordnung vorzuheften ist. Den Offizieren Meiner Marine sollen die von Meinem in Gott ruhenden Herrn Großvater ausgesprochenen ernsten und bedeutungsvollen Worte, welche für alle Zeiten für die Standespflichten der Offiziere maßgebend sein müssen, in unveränderter Form erhalten bleiben. Diejenigen ehrengerichtlichen Untersuchungen, für welche das förmliche Verfahren bereits angeordnet ist, sind möglichst beschleunigt da zu Ende zu führen, wo sie eingeleitet wurden. Sollten in einzelnen Fällen über die Zuständigkeit oder über die Auslegung und Anwendung der Vorschriften über die Behandlung der

---

*) Unter Offizieren der Kaiserlichen Marine werden im Sinne der Ehrengerichtsverordnung verstanden: Seeoffiziere und Offiziere der Marineinfanterie, Marine- und Torpedoingenieure, sowie Zeug-, Feuerwerks- und Torpedooffiziere.

ehrengerichtlichen Angelegenheiten Zweifel entstehen, so hat der kommandierende Admiral*) dieselben zu erledigen, nötigenfalls darüber unmittelbar Meine Entscheidung einzuholen. Dem Oberkommando der Marine habe Ich unmittelbar Kenntnis gegeben. Sie haben hiernach die weitere Bekanntmachung an die Marine zu veranlassen.

Ostsee, den 26. Juli 1895, An Bord Meiner Yacht „Hohenzollern".

Wilhelm.

An den Reichskanzler (Reichs-Marine-Amt).

I. Zweck der Ehrengerichte.

§ 1. Die Ehrengerichte der Offiziere haben zum — den — Zweck, die gemeinsame Ehre der Genossenschaft, sowie die Ehre des einzelnen zu wahren.

Ihre Aufgabe ist es:

1. gegen diejenigen Offiziere, deren Benehmen dem richtigen Ehrgefühl oder den Verhältnissen des Offizierstandes nicht entspricht, auf dem durch gegenwärtige Verordnung bezeichneten Wege einzuschreiten und, wo es zur Erhaltung der Reinheit der Ehre des Offizierstandes nötig, auf die Entfernung unwürdiger Mitglieder aus der Genossenschaft anzutragen; sowie
2. die Offiziere von unbegründeten Verdächtigungen ihrer Ehrenhaftigkeit zu reinigen, insofern andere standesgemäße Wege hierzu nicht vorhanden sind.

---

*) An die Stelle des kommandierenden Admirals, dessen Stelle aufgehoben ist, treten die Chefs der selbständigen Kommandobehörden. Vgl. Anm. zu § 20 Z. 2 MStGO.

§ 1. Zweck der Ehrengerichte: § 1; Zuständigkeit der Ehrengerichte: §§ 2—4; Bildung der Ehrengerichte: §§ 5—13; Ehrenrat: §§ 14—26; ehrengerichtliches Verfahren: §§ 27—62.

Die Ehre gehört ganz allgemein zu den idealen Gütern eines jeden Menschen als Zugehörigen der menschlichen Gesellschaft. Die Größe und Bedeutung dieses Gutes ist abhängig von der Bedeutung der einzelnen Persönlichkeit. Insoweit dieser die Anerkennung versagt wird, wird auch die Ehre in Mitleidenschaft gezogen und verletzt.

Nimmt die Persönlichkeit entweder auf Grund eigener Tüchtigkeit oder durch Auszeichnung, die ihr von anderen entgegengebracht wird, oder durch das Zusammenwirken beider Momente, eine bevorzugte, eine besondere Stellung in der menschlichen Gesellschaft ein, so erhöht sich der Anspruch auf Anerkennung und damit die Schwere der Verletzung durch Versagung der Anerkennung, durch Nichtachtung der Persönlichkeit.

Aber nicht nur der einzelne, sondern in erhöhtem Maße auch die Vereinigung der einzelnen in Genossenschaften, Verbänden u. dgl. nimmt im Gesellschaftsleben der Menschen ein Recht auf Achtung und Anerkennung in Anspruch und dieser Anspruch wird um so größer, um so berechtigter sein, je ausgezeichneter die Stellung jener Genossenschaft, jenes Verbandes in der menschlichen Gesellschaft ist. Insoweit wird von einer gemeinsamen Ehre gesprochen.

Besonders ausgezeichnet ist seit Jahrhunderten — in Deutschland zumal — der Soldatenstand, dessen edler Beruf in der Sicherung und Verteidigung von Thron und Vaterland Zweck und Ziel findet, und in ihm nimmt das Korps der Offiziere, der Führer, der Träger des Mutes und der Tapferkeit, wieder eine Ausnahmestelle ein, so daß von einer „Offiziersehre" schlechthin gesprochen zu werden pflegt.

Wie diese gesteigerte Ehre, die sich eng berührt mit dem Standesbewußtsein, auf der einen Seite ein größeres Maß von Achtung und Anerkennung für sich verlangen darf, erzeugt sie andererseits besondere Verpflichtungen. Der Ehrenschild des Standes wie des einzelne

II. Zuständigkeit der Ehrengerichte.

§ 2. Zur Beurteilung der Ehrengerichte gehören:

a) alle Handlungen und Unterlassungen von Offizieren, welche dem richtigen Ehrgefühl oder den Verhältnissen des Offizierstandes zuwider sind und daher die gemeinsame Ehre der Genossenschaft gefährden oder verletzen;

Zugehörigen dieses Standes muß, um über jede Anfechtung erhaben zu sein, um jene Achtung und Anerkennung von den Mitmenschen abverlangen zu können, „rein und fleckenlos" erhalten werden. — Diese Reinheit zu sichern, die Offiziersehre im allgemeinen wie im einzelnen zu wahren, dazu sind die Ehrengerichte berufen.

Der § 1 gibt einem solchen Zwecke der Ehrengerichte Ausdruck. Der Aufgabe dieser Gerichte sind dem Zwecke entsprechend zwei Wege gewiesen, die in Ziffer 1 u. 2 festgelegt sind.

Z. 1. Zur Wahrung der gemeinsamen Ehre der Genossenschaft kann nach Z. 1 folgendes veranlaßt werden:

I. Einschreiten gegen diejenigen Offiziere, deren Benehmen dem richtigen Ehrgefühl oder den Verhältnissen des Offizierstandes nicht entspricht, und zwar auf dem durch gegenwärtige Verordnung bezeichneten Wege. Vgl. § 2a.

Für ein richtiges Benehmen — nämlich Handlungen und Unterlassungen s. § 2a — sind durch die klaren und schönen Worte der Einleitung gewisse Richtpunkte an die Hand gegeben. Es heißt dort:

Der Offizier soll bestrebt sein, nur diejenigen Kreise für seinen Umgang zu wählen, in denen gute Sitte herrschend ist, und darf am wenigsten an öffentlichen Orten aus dem Auge lassen, daß er nicht bloß als gebildeter Mann, sondern auch als Träger der Ehre und der gesteigerten Pflichten seines Standes auftritt. Von allen Handlungen, welche dem Ruf des einzelnen oder der Genossenschaft nachteilig werden können, besonders von allen Ausschweifungen, Trunk und Hazardspiel, von der Übernahme solcher Verpflichtungen, mit denen auch nur der Schein unredlichen Benehmens verbunden sein könnte, vom hazardmäßigen Börsenspiel, von der Teilnahme an Erwerbsgesellschaften, deren Zweck nicht unantastbar und deren Ruf nicht tadellos ist, sowie überhaupt von jedem Streben nach Gewinn auf einem Wege, dessen Lauterkeit nicht klar erkennbar ist, muß der Offizier sich weit abhalten. Sein Ehrenwort darf er nie leichtsinnig verpfänden.

Vielfach wird es zweifelhaft sein, ob ein tadelnswertes, den obigen Gesichtspunkten widersprechendes Benehmen durch ein Einschreiten im Disziplinarwege (§ 1 Z. 1 DStO.) oder lediglich durch ehrengerichtliches Einschreiten gesühnt werden soll und kann. Bei solchem Zweifel „werden die Befehlshaber, in richtiger Würdigung der zur Wahrung der Disziplin und zur Aufrechterhaltung ihrer Autorität ihnen verliehenen Strafbefugnisse Fälle, welche im Disziplinarwege füglich erledigt werden können, nicht zum ehrengerichtlichen Verfahren verweisen, um die gewichtige Bedeutung eines ehrengerichtlichen Spruches nicht herabzudrücken".

II. Antrag auf die Entfernung unwürdiger Mitglieder aus der Genossenschaft, wo es zur Erhaltung der Reinheit der Ehre des Offizierstandes nötig ist.

Dieser Antrag schließt sich an das zu I bezeichnete Verfahren an. § 51 Z. 5 u. 6.

Der Spruch des Ehrengerichts erscheint nicht als Urteil, sondern lediglich als der Ausspruch der auf Grund des Verfahrens gewonnenen Überzeugung des Gerichts oder, wie Solms sich ausdrückt (Anm. 3 zu § 1), als eine gutachtliche, der Entscheidung des Kriegsherrn zu unterbreitende Äußerung. Das ganze ehrengerichtliche Verfahren erhält seinen Abschluß erst durch die Allerhöchste Entscheidung.

Z. 2. Vgl. § 2b. Während die Z. 1 zum Schutze des ganzen Offizierstandes die Maßnahmen bezeichnet, die gegen einzelne Mitglieder, die durch ihr Verhalten sich an der Ehre der Genossenschaft vergangen haben, zu treffen sind, bietet Z. 2 den Schutz für die Ehre des Einzelnen gegen unbegründete Verdächtigungen. — Voraussetzung für die Gewährung dieses Schutzes ist aber, daß andere standesgemäße Wege zur Reinigung von den Verdächtigungen nicht vorhanden sind. Vgl. § 26 nebst Anm.

b) diejenigen Fälle, in welchen Offiziere zum Schutz ihrer eigenen Ehre auf einen ehrengerichtlichen Spruch antragen.

---

§ 2. Sachliche Zuständigkeit. Vgl. § 1 nebst Anm. Subjektive (persönliche) Zuständigkeit: § 4. Im wesentlichen entspricht die sachliche Zuständigkeit der Ehrengerichte der ihnen in § 1 gestellten Aufgabe. Die Grenzen dieser Zuständigkeit lassen sich nicht festlegen, weil die Frage nach einer Verletzung der Ehre vom Gefühl beantwortet wird. — Dieser Paragraph bezieht sich nur auf Handlungen und Unterlassungen von Offizieren, mithin an sich nicht auf Vorkommnisse, die vor der Ernennung zum Offizier liegen. Solche eignen sich jedoch insoweit zur ehrengerichtlichen Beurteilung, als sie durch Verschulden des betreffenden noch fortwirken, nachdem er Offizier geworden ist. Kab. Schr. v. 2/10 99. Marine: Kab. Schr. v. 31/8 01.

Der Weg des ehrengerichtlichen Verfahrens ist zunächst unzulässig, wenn eine Handlung oder Unterlassung vorliegt, die im strafgerichtlichen Verfahren zu verfolgen ist. Aber die strafgerichtliche Sühne oder die Verneinung der Schuldfrage und die daraus folgende Freisprechung durch das Strafgericht schließen die weitere Verfolgung im ehrengerichtlichen Verfahren nicht aus. § 3. Mit der Sühne für das verletzte Strafgesetz ist diejenige für die verletzte Ehre noch nicht gegeben und derjenige, welcher für nichtschuldig befunden wird, sich strafrechtlich vergangen zu haben, welchem die ihm zur Last gelegte strafbare Handlung nicht nachgewiesen werden kann, ist darum noch nicht frei von der Verantwortung gegenüber seinen Standesgenossen, wegen der Handlungen und Unterlassungen, die dem richtigen Ehrgefühl oder den Verhältnissen des Offizierstandes zuwider sind und daher die gemeinsame Ehre der Genossenschaft gefährden oder verletzen.

Ob im Anschluß an ein strafgerichtliches Verfahren noch ein ehrengerichtliches stattfinden soll oder nicht, darüber entscheidet der betreffende Befehlshaber nach freiem Ermessen (§§ 27 ff.), durch das aber die Zuständigkeit ohne weiteres auch nicht begründet wird. Vielmehr ist das Ehrengericht in der Lage, sich für unzuständig zu erklären, wenn es der Ansicht ist, daß der Fall sich überhaupt nicht zur ehrengerichtlichen Behandlung eigene, oder daß ein anderes Ehrengericht das zuständige sei. § 51 Z. 1. Die Zuständigkeitsfrage findet dann endgültig ihre Erledigung durch die Allerhöchste Entscheidung. § 55.

Kommen Handlungen gegen die militärische Zucht und Ordnung und gegen die Dienstvorschriften, für welche die Militärgesetze keine Strafbestimmungen enthalten, oder solche militärischen Vergehen in Frage, deren Bestrafung im Disziplinarwege in leichteren Fällen durch das EG. z. MStGB. ausdrücklich gestattet ist (vgl. § 1 DStO.), so tritt Disziplinarbestrafung ein und ein ehrengerichtliches Verfahren kann nicht mehr Platz greifen. AKO. v. 4/6 57 u. 2/8 60. Ist eine Handlung jedoch disziplinarisch erledigt worden, die ehrengerichtliche Entscheidung erforderte, so ist diese damit nicht ausgeschlossen, vielmehr ist nachträglich das ehrengerichtliche Verfahren einzuleiten. Dem Ehrengericht bleibt es überlassen, die erlittene Disziplinarstrafe bei seinem Antrage zu berücksichtigen. Erlaß des KM. v. 26/7 46.

Entstehen im übrigen in einzelnen Fällen über die Zuständigkeit der Ehrengerichte Zweifel, so haben die kommandierenden Generale — in der Marine die Chefs der selbständigen Kommandobehörden — sie zu erledigen, nötigenfalls darüber unmittelbar die Allerhöchste Entscheidung einzuholen. AB. v. 2/5 74; Marine: v. 26/7 95; f. S. 676, 678.

Zu a) Als Beispiele der fraglichen Handlungen und Unterlassungen führte die VO. I über die Ehrengerichte v. 20/7 43 an: Mangel an Entschlossenheit, fortgesetztes und überhaupt solches Schuldenmachen mit dem ein unredliches Benehmen oder sonst eine Beeinträchtigung der Standesehre verbunden ist; eine dem Offizier in Rücksicht auf seine kriegerische Bestimmung nicht geziemende oder eine solche Lebensweise, die dem Rufe der Genossenschaft durch eine unrichtige Wahl des Umgangs nachteilig werden kann; Mangel an Verschwiegenheit über dienstliche Anordnungen; Neigung zum Trunk oder zum Spiel, wenn Warnungen oder Disziplinarstrafen ohne Erfolg geblieben sind, oder wenn dadurch ein öffentliches Ärgernis veranlaßt worden ist; unpassendes Benehmen an öffentlichen Orten; fortdauernde mangelhafte Erfüllung der Dienstobliegenheiten; wiederholtes und vorsätzliches Übertreten der Standespflichten. Vgl. übrigens die Einleitung. Jetzt ist es dem Ermessen der in Tätigkeit tretenden Organe überlassen, darüber zu entscheiden, ob eine strafwürdige Handlung oder Unterlassung vorliegt. Immerhin geben jene Beispiele auch zurzeit noch einen gewissen Anhalt. —

§ 3. Ist eine zur Zuständigkeit der Ehrengerichte gehörende Handlung oder Unterlassung zugleich in den Strafgesetzen mit Strafe bedroht und dieserhalb ein gerichtliches Verfahren eingeleitet, so darf erst nach Beendigung desselben ehrengerichtliches Einschreiten erfolgen.

In einem solchen Falle dürfen, wenn gerichtlich auf Freisprechung erkannt ist, diejenigen Tatsachen, welche in dem gerichtlichen Verfahren zur Erörterung gekommen sind, nur noch insoweit dem Spruch eines Ehrengerichts unterstellt werden, als dieselben an sich eine Verletzung der Ehre des Offizierstandes enthalten.

Ist dagegen eine gerichtliche Verurteilung erfolgt, so bleibt lediglich demjenigen Befehlshaber, welcher ein ehrengerichtliches Verfahren anzuordnen berechtigt ist, überlassen, darüber Entscheidung zu treffen, ob außerdem noch ein ehrengerichtlicher Spruch zu fällen sei.

Nach § 22 hat jeder Offizier das Recht, Handlungen und Unterlassungen jedes anderen Offiziers des deutschen Heeres oder der Marine, wie sie § 2a im Auge hat, zur Kenntnis des Ehrenrates (§§ 14 ff.) oder des direkten Vorgesetzten des Bezichtigten zu bringen, und nach § 23 hat der Ehrenrat die Pflicht, solche Handlungen und Unterlassungen, wenn sie zu seiner Kenntnis kommen, dem ihm vorgesetzten Kommandeur zu melden.

Zu b) Vgl. § 1 Abs. 2 Z. 2 nebst Anm. Jeder den Ehrengerichten unterstellte Offizier hat das Recht, auf einen ehrengerichtlichen Spruch gegen sich selbst anzutragen. § 26. Über den Antrag entscheiden je nach dem Range des Antragstellers die Befehlshaber des § 28 Abs. 1 u. 2. Wird der Antrag abgelehnt, so ist Rekurs zugelassen. Es ist dann die Allerhöchste Entscheidung auf dem Instanzenwege einzuholen. § 30.

§ **3.** Verfahren, wenn gegen die Person, die sich vergangen hat, bereits strafgerichtlich vorgegangen ist. Vgl. § 2 nebst Anm.

Abs. 1. Die meisten schwereren strafbaren Handlungen — also insbesondere die Verbrechen und Vergehen (§ 1 MStGB.; § 1 Abs. 1 u. 2 RStGB.) — sind selbstverständlich auch dem richtigen Ehrgefühl oder den Verhältnissen des Offizierstandes zuwider und gefährden oder verletzen die gemeinsame Ehre der Genossenschaft, gehören daher zur Zuständigkeit der Ehrengerichte (§ 2). Unterlassungen werden nach den Strafgesetzen auch zu den „strafbaren Handlungen" gerechnet. Vgl. §§ 60, 77, 104, 147 MStGB. u. Anm. 1 zu § 1 das.

Ein gerichtliches Verfahren muß eingeleitet sein d. h. es müssen die gerichtlichen Ermittelungen begonnen haben. Vgl. §§ 156 ff. MStGO.; §§ 156 ff. StPO. Ist die gerichtliche Strafverfolgung abhängig von der Stellung eines Strafantrages (vgl. §§ 61 ff. RStGB.), so muß dieser Antrag bei der zuständigen Behörde eingegangen sein, um ein gerichtliches Verfahren in Gang zu bringen. Das ehrengerichtliche Einschreiten wird also erst dann zu erfolgen haben, wenn entweder das durch den Antrag veranlaßte gerichtliche Verfahren abgeschlossen oder die Antragsfrist (§ 61 RStGB.) abgelaufen ist, ohne daß der erforderliche Antrag gestellt wurde. Liegt dem Befehlshaber, der für die Anordnung des ehrengerichtlichen Verfahrens zuständig ist (§ 28), eine Anzeige vor, die den Vorwurf einer strafgerichtlich zu verfolgenden Straftat enthält, so wird der Befehlshaber zunächst Abschrift der Anzeige bzw. des interessierenden Teils an die Behörde gelangen lassen, in deren Händen die gerichtliche Strafverfolgung liegt, mit dem Ersuchen um baldige Nachricht, ob das gerichtliche Verfahren eingeleitet werden wird oder nicht, mit der ferneren Bitte, im Falle der Einleitung die Akten nach Abschluß des Verfahrens zu überlassen.

Wird die beantragte Strafverfolgung abgelehnt, so wird erst abzuwarten sein, ob das in § 247 MStGO. bzw. §§ 170 ff. StPO. vorgesehene Verfahren in die Wege geleitet wird, und wenn dies der Fall ist, zu welchem Erfolge es führt. Stets muß davon ausgegangen werden, daß ein in der Schwebe befindliches bzw. ein zu erwartendes gerichtliches Verfahren eine wesentliche Grundlage für den zukünftigen Spruch des Ehrengerichts bildet. Vgl. § 38, der zuläßt, daß die strafgerichtlichen Akten dem ehrengerichtlichen Verfahren zugrunde gelegt werden. — Über die Suspension vom Dienste vgl. § 29. — Einschreiten s. § 1 Abs. 2 Z. 2 nebst Anm.

§ 4. Den Ehrengerichten sind unterworfen:

1. alle Offiziere des aktiven Dienststandes;
2. alle Offiziere des Beurlaubtenstandes (Reserve und Landwehr — Seewehr —), mit Einschluß der unter Vorbehalt der Dienstverpflichtung aus dem aktiven Dienste entlassenen Offiziere (der beigefügte Satz fällt für die Marine fort);
3. die Offiziere à la suite der Armee — der Marine und des Seeoffizierkorps —;
4. die zur Gendarmerie übergetretenen Offiziere (fällt für Marine fort);
5. die mit Pension zur Disposition gestellten, und die unter Verleihung der Befugnis, Militär= — Marine- — Uniform zu tragen, verabschiedeten Offiziere.

Abs. 2. Vgl. Anm. zu § 2, wo bereits erörtert ist, daß die gerichtliche d. h. natürlich rechtskräftige Freisprechung die Reinheit der Ehre keineswegs feststellt. — Das ehrengerichtliche Verfahren ist in den §§ 27 ff. geregelt. Es ist im Falle des Abs. 2 lediglich auf die Frage zu richten, inwieweit der Verfolgte durch sein ganzes, in dem gerichtlichen Verfahren zur Sprache gekommenes Verhalten die Ehre des Offizierstandes verletzt hat (§ 2a nebst Anm.). Ob die Tatsachen, die in dem gerichtlichen Verfahren zur Erörterung gekommen sind, von dem Gericht, das auf Freisprechung erkannte, richtig gewürdigt worden sind, dies zu prüfen, gehört nicht zur Zuständigkeit des Ehrengerichts. — Ist die Einstellung des gerichtlichen Verfahrens beschlossen (vgl. §§ 245 ff. MStGO.) oder darauf erkannt worden (§ 314 MStGO.), so unterliegt natürlich das ehrengerichtliche Verfahren der Beschränkung des Abs. 2 nicht. Ebensowenig wird es beeinflußt durch die Verjährung der strafgerichtlich zu sühnenden Tat (§§ 66 ff. RStGB.; §§ 2, 52, 76 MStGB.). — Eine Verjährung ehrengerichtlich zu verfolgender Handlungen oder Unterlassungen gibt es nicht.

Abs. 3. Diejenigen Befehlshaber, die ein ehrengerichtliches Verfahren anzuordnen berechtigt sind, führt der § 28 auf. Vgl. jedoch auch den Allerhöchsten Vorbehalt in § 7 Abs. 2. — Die gerichtliche d. h. natürlich rechtskräftige Verurteilung kann möglicherweise ein ehrengerichtliches Verfahren überhaupt ausschließen. Dann nämlich, wenn gleichzeitig auf Entfernung aus dem Heere erkannt ist (§§ 31, 32 MStGB.) oder diese als Folge der Verurteilung zu Zuchthaus bzw. der Aberkennung der bürgerlichen Ehrenrechte (§ 33 RStGB.) von Rechtswegen eintritt (§§ 42 Abs. 1, 31 MStGB.) — Die Dienstentlassung hat den Verlust des Diensttitels nicht zur Folge (§ 35 MStGB.), so daß es also noch ehrengerichtliche Angelegenheit sein könnte, darüber zu befinden, ob der Verurteilte nicht der Verletzung der Standesehre unter erschwerenden Umständen für schuldig zu erachten und seine Entfernung aus dem Offizierstande zu beantragen sei (vgl. §§ 51 Z. 6, 52, 53), aber die übrigen Wirkungen einer rechtskräftig erkannten Dienstentlassung (Verlust aller durch den Dienst als Offizier erworbenen Ansprüche, soweit sie durch Richterspruch aberkannt werden können, ingleichen die Verwirkung des Rechts die Offizieruniform zu tragen) schließen die subjektive Zuständigkeit der Ehrengerichte (vgl. § 4) aus.

Kommt weder Entfernung aus dem Heere noch Dienstentlassung in Frage, so wird zu erwägen sein, ob in dem abgeurteilten Handeln (bzw. Unterlassen) noch etwas (— außerdem —) zu finden ist, was dem richtigen Ehrgefühl oder den Verhältnissen des Offizierstandes zuwider ist (§ 2a). — Verfahren: §§ 27 ff. —

§ 4. Subjektive Zuständigkeit der Ehrengerichte. Sachliche Zuständigkeit s. § 2. Das ehrengerichtliche Verfahren findet in der Regel bei demjenigen Ehrengerichte statt, welchem der Angeschuldigte unterworfen ist (§§ 10, 13), doch kann auch Verweisung an ein anderes Ehrengericht erfolgen. § 31. Vgl. auch § 32. Die Zuständigkeit des mit dem Verfahren beauftragten Ehrengerichts wird durch Versetzung oder Verabschiedung des Beschuldigten nicht aufgehoben. § 33. Wenn das Ehrengericht sich für nicht zuständig erachtet: §§ 51 Z. 1, 55. — Vgl. auch § 5 Abs. 2.

Z. 2. In § 51 Z. 5 HO. ist ausdrücklich ausgesprochen, daß die Offiziere des Beurlaubtenstandes den Bestimmungen der VO. über die Ehrengerichte unterliegen. Vgl. hierzu auch § 61 Abs. 1 nebst Anm.

Z. 3. Offiziere à la suite sind im Unterschiede zu den Offizieren à la suite von Truppen=

III. Bildung der Ehrengerichte.

§ 5. An der Bildung von Ehrengerichten teilzunehmen sind nur diejenigen Offiziere berechtigt, welche

1. Mitglieder von Offizierkorps sind, oder
2. auf Grund der nachstehenden Vorschriften (§ 13) besonders dazu gewählt werden.

— sind nur berechtigt:

I. die aktiven Seeoffiziere und Offiziere der Marineinfanterie;

II. die Seeoffiziere und Offiziere der Marineinfanterie des Beurlaubtenstandes, während sie zum aktiven Dienst einberufen sind;

III. die Offiziere z. D. in aktiven Stellungen.

Alle übrigen Offiziere — Die übrigen im § 4 aufgeführten Offiziere — sind den Ehrengerichten unterstellt, ohne zur tätigen Teilnahme an denselben berechtigt zu sein.

§ 6. Mitglieder eines Offizierkorps im Sinne der gegenwärtigen Verordnung sind

1. bei den Offizierkorps des aktiven Dienststandes: alle Offiziere, welche im Etat eines Regiments, eines selbständigen Bataillons oder einer selbständigen

---

teilen diejenigen Offiziere à la suite der Armee oder eines Kontingents, die nicht als zum aktiven Heere bzw. zu dem Friedensstande gehörig anzusehen sind. Vgl. § 1 Z. 6 MStGO.

Z. 4. Vgl. § 13 Abs. 3 a. E. nebst Anm. Die aus nichtpreußischen Diensten in die Gendarmeriebrigade in Elsaß-Lothringen übernommenen Offiziere sind für die Dauer dieses Dienstverhältnisses demselben Ehrengericht, wie die à la suite der preußischen Landgendarmerie und zur Gendarmeriebrigade in Elsaß-Lothringen gehörenden Offiziere zu unterstellen. AKO. v. 12/11 91.

Z. 5. Vgl. § 61 Abs. 1. Die verabschiedeten Offiziere, denen die Befugnis, Militäruniform zu tragen, nicht verliehen ist, sind den Ehrengerichten nicht unterworfen. — Nach RGes. v. 3/5 90 (RGBl. S. 63) ist der Militärgerichtsstand der mit Pension verabschiedeten Offiziere aufgehoben worden. Diese Bestimmung berührt aber die Z. 5 nicht. Vgl. § 1 Z. 2 MStGO.

Hauptleute oder Rittmeister und Subalternoffiziere der in Z. 5 aufgeführten Kategorien sind im Frieden den Ehrengerichten desjenigen Landwehrbataillons (siehe Anm. zu § 9) unterstellt, in dessen Bezirk sie ihren Wohnsitz haben. § 11. Nach § 7 BGB. begründet man seinen Wohnsitz dort, wo man sich ständig niederläßt. Bezüglich der Stabsoffiziere vgl. § 13 Abs. 1. — Verlust des Rechts, die Militäruniform zu tragen, Verlust des Offiziertitels als Strafen für die in Z. 5 aufgeführten Offiziere s. § 53 nebst Anm.

Über die inaktiven Offiziere, die in einer aktiven Offizierstelle wieder Verwendung gefunden haben, vgl. Anm. zu § 5 Abs. 1 Z. 2. Wegen der Reisen der Offiziere zur Disposition und außer Dienst vgl. § 60 der Reiseordnung für die Personen des Soldatenstandes.

§ 5. Teilnahme an der Bildung von Ehrengerichten. Bildung der Ehrengerichte über Hauptleute oder Rittmeister und Subalternoffiziere: §§ 8—12; Bildung der Ehrengerichte über Stabsoffiziere: § 13.

Abs. 1. Z. 1. Wer zu den Mitgliedern eines Offizierkorps gehört, sagt § 6.

Z. 2. Vgl. Anm. zu § 13. — Inaktive Offiziere, die im aktiven Heere in einer Offizierstelle wieder Verwendung gefunden haben, sind für die Dauer dieses Dienstverhältnisses in Beziehung auf die Teilnahme an der Bildung der Ehrengerichte und auf die Unterstellung unter sie als Offiziere des aktiven Dienststandes anzusehen (§§ 5, 10 u. 13). AKO. v. 27/6 90 (AVBl. S. 157). Vgl. § 6 Z. 2 Abs. 2.

Abs. 2. Vgl. § 4. Als alle übrigen Offiziere kommen diejenigen in Frage, welche außerhalb eines Offizierkorps stehen und nicht zu den Ehrengerichten gewählt sind.

Abteilung stehen, sowie diejenigen, welche die Uniform eines solchen Truppenteils tragen, insofern sie nicht durch Abkommandierung in den Etat eines anderen Truppenteils getreten sind;

2. bei den Offizierkorps des Beurlaubtenstandes: der Bezirkskommandeur, die bei den Bezirkskommandos im aktiven Dienst wieder angestellten Offiziere, die Bezirksoffiziere und alle Reserve- und Landwehroffiziere eines Landwehrbezirks, ohne Unterschied der Waffengattung.

§ 7. (Marine: **§ 6.**) Die Ehrengerichte zerfallen in:

1. Ehrengerichte über Hauptleute oder Rittmeister — Kapitänleutnants oder Hauptleute — und Subalternoffiziere; sie werden durch Offizierkorps gebildet (Zusatz fällt für Marine fort), und in
2. Ehrengerichte über Stabsoffiziere; sie werden durch besonders dazu gewählte Stabsoffiziere gebildet (Zusatz fällt für Marine fort).

Tritt die Notwendigkeit ein, gegen einen General — Admiral — oder einen in einer Generalsstellung — Admiralsstellung — stehenden Stabsoffizier, oder einen von Mir ernannten — Platz- oder Festungs- — Kommandanten, oder einen Mir direkt unterstellten Offizier, oder einen Adjutanten der Prinzen Meines Hauses oder eines Deutschen Fürsten, oder gegen einen außerhalb des Verbandes Meines Heeres — Meiner Marine — abkommandierten Stabsoffizier ehrengerichtlich einzuschreiten, so werde Ich das Nötige jedesmal besonders bestimmen.

---

§ 6. Wer Mitglied eines Offizierkorps ist. Vgl. §§ 5 Abs. 1 Z. 1, 8 Abs. 2, 10 Abs. 1. Die Mitglieder sind alle in der Spruchsitzung des Ehrengerichts stimmberechtigt einschließlich der Stabsoffiziere und des Kommandeurs. § 43 Abs. 2. Aus § 8 Abs. 2 ist zu entnehmen, daß § 6 sich nur auf die Bildung der Ehrengerichte über Hauptleute oder Rittmeister und Subalternoffiziere (§§ 8—12) bezieht.

Z. 1. Wer trotz der Abkommandierung beim Etat seines Truppenteils verbleibt, rechnet mit zu den Mitgliedern des Offizierkorps dieses Truppenteils. — Durch AKO. v. 13/10 94 (AVBl. S. 275) ist bestimmt, daß Offiziere, die à la suite ihrer Truppenteile stehen und sich im Etat von Behörden und Anstalten befinden, im Sinne des Schlußsatzes der Z. 1 nicht als Mitglieder desjenigen Offizierkorps, dessen Uniform sie tragen, zu betrachten sind, sondern daß auf sie die Bestimmung des § 10 Abs. 2 Anwendung zu finden hat. Diese Bestimmung findet auch auf alle diejenigen Offiziere Anwendung, welche ohne à la suite gestellt zu sein, aus dem Etat ihres Truppenteils ausgeschieden und in den Etat einer Behörde oder Anstalt z. B. Unteroffizierschulen, Kadettenanstalten u. dgl. getreten sind. Kab. Schr. v. 2/10 99.

Z. 2. Vgl. AKO. v. 27/6 90 (AVBl. S. 157) in Anm. zu § 5 Abs. 1 Z. 2. — Offiziere der Landwehr II. Aufgebotes sind im Sinne der Z. 2 Mitglieder des Offizierkorps ihres Landwehrbataillonsbezirks und als solche dem Ehrengericht unterstellt. Von der Teilnahme an der Offizierwahl können sie auf ihren Antrag durch den Bezirkskommandeur dauernd befreit werden. Ergänzende Bestimmungen zu dem G. betr. Änderungen der Wehrpflicht v. 11/2 88 I Z. 4 (AVBl. S. 127 Anl.).

Die zum Bezirkskommando befehligten Offiziere des aktiven Dienststandes (Adjutanten) unterstehen den Ehrengerichten, die durch diejenigen Offizierkorps gebildet werden, denen sie angehören und deren Uniform sie tragen. — Wenn das Offizierkorps eines Landwehrbataillons mehr als 120 Mitglieder hat, vgl. § 9 nebst Anm.

§ 7. Arten der Ehrengerichte. Vgl. §§ 5, 6. **Abs. 1. Z. 1.** Bildung der hier fraglichen Ehrengerichte: §§ 8—12. Das gesamte Offizierkorps bildet das Ehrengericht. § 8 Abs. 2. Vgl. aber auch § 13 Abs. 7 u. Anm. zu § 8 Abs. 1.

Z. 2. Über Bildung der Ehrengerichte über Stabsoffiziere vgl. § 13.

Abs. 2. Vgl. § 28 Abs. 3, ferner § 18 Abs. 4 MStGO. Allerhöchster Vorbehalt: Die Allerhöchste Entscheidung ist auf dem Dienstwege einzuholen unter Beifügung eines aus-

A. Bildung der Ehrengerichte über Hauptleute oder Rittmeister und Subalternoffiziere.

§ 8. Ehrengerichte über Hauptleute oder Rittmeister und Subalternoffiziere bestehen:

bei einem jeden Regiment,
bei einem jeden selbständigen Bataillon,
bei einer jeden selbständigen Abteilung, und
in einem jeden Landwehr-Bataillons-Bezirk.

Das gesamte Offizierkorps (§ 6) bildet das Ehrengericht.

§ 9. Hat das Offizierkorps eines Landwerhrbataillons mehr als 120 Mitglieder, so kann es durch den Landwehr-Bezirkskommandeur in so viel Ehrengerichte geteilt werden, daß jedes derselben zwischen 60 und 120 Mitglieder zählt.

§ 10. Hauptleute oder Rittmeister und Subalternoffiziere sind, sofern sie Mitglieder eines Offizierkorps sind (§ 6), dem Ehrengericht dieses Offizierkorps unterworfen.

Sind Offiziere der vorgedachten Charge nicht Mitglieder eines Offizierkorps, so werden sie auf Antrag ihrer direkten Vorgesetzten durch den kommandierenden General desjenigen Armeekorps, in dessen Territorialbezirk sie garnisonieren, dem Ehrengerichte eines Offizierkorps seines Befehlsbereichs unterstellt. Diese Zuteilung

---

führlichen Berichtes, der geeignet ist, der Entscheidung als Grundlage zu dienen. — Außerhalb des Heeresverbandes abkommandiert sind z. B. die den Botschaften und Gesandschaften zugeteilten Offiziere, die sog. Militärattachés, die zu anderen Heeresverbänden zeitweilig befehligten Stabsoffiziere. — Ist ein Stabsoffizier oder ein niederer Rang (Abs. 1 Z. 1) gemeinsam mit dem General usw. beteiligt, so wird sich das durch die Allerhöchste Entscheidung veranlaßte Verfahren auch auf den Beteiligten erstrecken. Vgl. § 13 Abs. 7. Wenn Privatstreitigkeiten und Beleidigungen zwischen Offizieren vorgekommen sind und ein General beteiligt ist, s. Ergänzungsorder unter VIII.

§ 8. Zusammensetzung der Ehrengerichte. Bei denjenigen Truppenteilen, welche kein eigenes Ehrengericht zu bilden berechtigt sind, sowie bei Militärbehörden und militärischen Anstalten kann ein Ehrenrat gebildet werden, wenn der Befehlshaber oder Vorstand es für nötig hält. § 19. Ehrenrat s. §§ 15ff. Wer dem Ehrengerichte des § 8 unterworfen ist, sagen §§ 10, 11. Über die Leitung der Ehrengerichte vgl. § 12. — Vereinigung mehrerer Offizierkorps zur Fällung eines ehrengerichtlichen Spruchs während des Kriegszustandes: § 48.

Abs. 1. Vgl. §§ 4, 7 Abs. 1 Z. 1. Die hier genannten Chargen sind den Ehrengerichten über Stabsoffiziere in den Fällen unterworfen, in denen sie mit Stabsoffizieren an der Ehrenangelegenheit gemeinsam beteiligt sind. § 13 Abs. 7. Vgl. auch Anm. zu § 7 Abs. 2. — Das Luftschifferbataillon bildet ein eigenes Ehrengericht. AVO. v. 26/3 01 (AVBl. S. 70).

Abs. 2. Über das gesamte Offizierkorps vgl. § 6 Z. 1 nebst Anm. Stimmberechtigt sind alle Mitglieder einschließlich der Stabsoffiziere und des Kommandeurs. Alle Stimmberechtigten werden zur Spruchsitzung eingeladen. § 43. Bezüglich der erforderlichen Zahl der Teilnehmer an der Spruchsitzung s. § 47. — Teilung des Landwehr-(Bataillons) Bezirks: § 9.

§ 9. Teilung des Offizierkorps eines Landwehrbataillons. Jetzt ist maßgebend der durch Art. I des Ges. v. 27/1 90 abgeänderte § 5 RMG., der bestimmt: „Als Grundlage für die Organisation der Landwehr sowie zum Zwecke der Heeresergänzung werden die Armeekorpsbezirke (19) in Divisions- und Brigadebezirke und diese, je nach Umfang und Bevölkerungszahl, in Landwehr- und Kontrollbezirke (Kompagniebezirke, Bezirke der Hauptmeldeämter oder Meldeämter) eingeteilt." An die Stelle des „Bataillons" ist also der Bezirk getreten. — Wie die Teilung im übrigen vorzunehmen ist, liegt im Ermessen des Bezirkskommandeurs. — Vgl. auch § 11 nebst Anm. u. Anm. zu § 12.

§ 10. Wer den Ehrengerichten des § 8 unterworfen ist. Vgl. § 11; ferner §§ 28 Abs. 1, 31 Abs. 1.

Abs. 1. Vgl. §§ 4, 6 nebst Anm. Die hier aufgeführten Grade sind den Ehren-

entweder alljährlich oder nur im gegebenen Falle zu beantragen, bleibt dem gedachten Vorgesetzten überlassen.

Als Territorialbezirk des Gardekorps werden im Sinne der gegenwärtigen Verordnung die Städte Berlin, Potsdam, Charlottenburg und Spandau angesehen.

Während des Kriegszustandes geht die Befugnis, Offiziere einem Ehrengerichte ihres Befehlsbereichs zu unterstellen, auf diejenigen Befehlshaber über, welche berechtigt sind, ein ehrengerichtliches Verfahren anzuordnen. (§ 28.)

§ 11. Hauptleute oder Rittmeister und Subalternoffiziere der im § 4 unter Nr. 5 aufgeführten Kategorien sind im Frieden dem Ehrengerichte desjenigen Landwehrbataillons, in dessen Bezirk sie ihren Wohnsitz haben, unterstellt; während des Kriegszustandes wird auch hinsichtlich dieser Offiziere in der im § 10 angegebenen Weise verfahren.

Für die Marine sind an Stelle der §§ 8—11 folgende Vorschriften (§§ 7—9) gegeben:

A. Bildung der Ehrengerichte über Kapitänleutnants oder Hauptleute und Subalternoffiziere.

§ 7. Ehrengerichte über Kapitänleutnants, Hauptleute oder Subalternoffiziere werden durch das betreffende Offizierkorps gebildet; es besteht ein Ehrengericht:

für alle Offiziere, welche in Berlin ihren Standort haben oder dorthin kommandiert sind,
bei jedem Geschwader,
bei jedem Verbande von Aufklärungsschiffen,
bei jeder alleinfahrenden Division von Schiffen,
bei jedem Schiff, das außerhalb der heimischen Gewässer allein fährt, wenn außer dem Kommandanten mindestens 8 stimmberechtigte Mitglieder vorhanden sind,
bei jeder Inspektion mit Ausnahme der Depotinspektion und
für alle im Kiautschougebiet kommandierten Offiziere.

Während des Kriegszustandes ist jeder mit der höheren Gerichtsbarkeit betraute Befehlshaber berechtigt, innerhalb seines Befehlsbereichs ein Ehrengericht über Kapitänleutnants, Hauptleute oder Subalternoffiziere zu bilden.

Kapitänleutnants, Hauptleute oder Subalternoffiziere, die einem der vor-

---

gerichten über Stabsoffiziere (§ 7 Abs. 1 Z. 2, § 13) in den Fällen unterworfen, in denen sie mit Stabsoffizieren gemeinsam an der Ehrenangelegenheit beteiligt sind. § 13 Abs. 7. Vgl. auch Anm. zu § 7 Abs. 2.

Abs. 2. Vgl. AKO. v. 13/10 94 in Anm. zu § 6 Z. 1; vgl. ferner §§ 19, 25. Der Antrag ist im Dienstwege vorzulegen. Abs. 2 kann sich auf Landwehr- und Reserveoffiziere nicht beziehen, da diese ja stets Mitglieder des betreffenden Landwehroffizierkorps sind. — Bezüglich der inaktiven Offiziere, die im aktiven Heere in einer Dienststelle wieder Verwendung gefunden haben, vgl. Anm. zu § 5 Abs. 2 u. § 6 Z. 2; bezüglich der Hauptleute bei den Bekleidungsämtern § 9 Z. 1 der Dienstanweisung für die Bekleidungsämter v. 10/3 04. — Abs. 2 findet auch Anwendung auf die Offiziere der Versuchsabteilung der Verkehrstruppen.

Abs. 4. Vgl. Anm. zu § 28. — Da der Kaiser nach Art. 63 Abs. 4 der Reichsverfassung das Recht hat, die kriegsbereite Aufstellung eines jeden Teils des Reichsheeres anzuordnen, so erfolgt der Übergang vom Friedens- zum Kriegszustande durch die Kaiserliche Mobilmachungsorder. Für die Marine vgl. § 164 MStGB. u. Anm. zu §§ 5, 6, 7 EG. z. MStGO. — Wegen der Stabsoffiziere vgl. § 13 Abs. 6.

§ 11. Über das Landwehrbataillon vgl. § 9 nebst Anm. und über den Wohnsitz siehe Anm. zu § 4 Z. 5. Wegen des Kriegszustandes siehe Anm. zu § 10 Abs. 4.

stehend genannten Ehrengerichte nicht unterstellt sind, werden auf Antrag ihres direkten Vorgesetzten durch den Chef derjenigen Station, in dessen Bereich sie ihren Standort haben, einem Ehrengerichte seines Befehlsbereichs unterstellt.

Durch AKO. v. 30/10 03 (MVBl. S. 421) ist weiterhin im Hinblick auf die gebildete aktive Schlachtflotte bestimmt:

Für jedes Geschwader und für die Aufklärungsschiffe der aktiven Schlachtflotte wird ein Ehrengericht über Kapitänleutnants und Subalternoffiziere gebildet.

§ 8. Ist die vorgeschriebene Anzahl stimmberechtigter Mitglieder auf einem Schiffe, welches außerhalb der heimischen Gewässer allein fährt (vgl. § 7) nicht vorhanden, so treten die Offiziere mehrerer Schiffe, sobald letztere voraussichtlich in spätestens vier Wochen zusammentreffen, zur Bildung eines Ehrengerichts zusammen.

§ 9. Steht eine Vereinigung von Schiffen außerhalb der heimischen Gewässer, welche zusammen die vorgeschriebene Anzahl von stimmberechtigten Mitgliedern (vgl. § 7) aufweisen, innerhalb von vier Wochen nicht zu erwarten, so werden die Verhandlungen mit der nächsten sich darbietenden Gelegenheit an den Chef derjenigen Station gesandt, von welcher die Besatzung des Schiffes gestellt ist. Dieser weist dieselben alsdann einem der heimischen Ehrengerichte seines Befehlsbereichs zu.

§ 12. Das Ehrengericht eines Offizierkorps des aktiven Dienststandes wird von dem an der Spitze desselben stehenden (Regiments-, Bataillons-, Abteilungs-) Kommandeur; das Ehrengericht eines Offizierkorps des Beurlaubtenstandes von dem Landwehr-Bezirkskommandeur geleitet.

Wo in der gegenwärtigen Verordnung vom „Kommandeur" die Rede ist, sind darunter die hier genannten Kommandeure zu verstehen.

Marine:

§ 10. Das Ehrengericht wird geleitet:

In Berlin von dem jüngsten Kontreadmiral,

bei einem Geschwader und bei einem Verbande von Aufklärungsschiffen von dem 2. Admiral, wo ein solcher nicht kommandiert ist, von dem ältesten Kommandanten,

bei einer allein fahrenden Division von Schiffen von dem nach dem Divisionschef ältesten Kommandanten,

bei einem Schiff, das außerhalb der heimischen Gewässer allein fährt, von dem Kommandanten und bei der Vereinigung mehrerer Schiffe (§ 8) von dem ältesten Kommandanten,

bei der Inspektion des Bildungswesens der Marine von dem Direktor der Marineschule,

bei einer anderen Inspektion mit Ausnahme der Depotinspektion von dem Inspekteur,

im Kiautschougebiet von dem nach dem Gouverneur ältesten Stabsoffizier.

---

§ 12. Leitung des Ehrengerichts. Vgl. §§ 8, 9. Obliegenheiten des Kommandeurs: 1; Leitung der Geschäfte des Ehrenrats: § 14; Leitung der Wahl des Ehrenrats: § 17; Entscheidung über die Verfolgung der gemeldeten Ehrenangelegenheiten: § 23; Anordnung von

B. Bildung der Ehrengerichte über Stabsoffiziere.

§ 13. In dem Territorialbezirk eines jeden Armeekorps wird über sämtliche in demselben ihre Garnison oder — sofern sie den im § 4 unter Nr. 5 bezeichneten Kategorien angehören — ihren Wohnsitz habende Stabsoffiziere ein aus einem General und neun Stabsoffizieren bestehendes Ehrengericht über Stabsoffiziere gebildet.

Der General wird von dem kommandierenden General aus den aktiven Generalen seines Befehlsbereichs bestimmt; er nimmt zu dem Ehrengericht die Stellung des Kommandeurs (§ 12) ein und verkehrt mit dem kommandierenden General direkt.

Die übrigen Mitglieder des Ehrengerichts, und zugleich für einen jeden derselben ein Stellvertreter, werden auf Anordnung des kommandierenden Generals zu gleichen Teilen aus den im Territorialbezirk des Armeekorps garnisonierenden Obersten, Oberstleutnants und Majors des aktiven Dienststandes, jedesmal auf ein Jahr, durch relative Stimmenmehrheit der Art gewählt, daß sämtliche wahlberechtigte Stabsoffiziere an der Wahl aller dieser neun Mitglieder des Ehrengerichts und deren Stellvertreter teilnehmen. Bei Stimmengleichheit entscheidet das Dienstalter in der Charge. Die Stabsoffiziere der Landgendarmerie sind in bezug auf die Berechtigung zur Teilnahme an der Bildung der Ehrengerichte über Stabsoffiziere denjenigen des aktiven Dienststandes gleichzuachten.

Die Mitglieder des Ehrengerichts und deren Stellvertreter sind nach Ablauf der Wahlperiode wieder wählbar.

Die Wahl erfolgt am 1. September jeden Jahres oder an einem der nächstfolgenden Tage.

Während des Kriegszustandes ist jeder mit den Gerechtsamen eines kommandierenden Generals betraute Befehlshaber zur Bildung eines Ehrengerichts über Stabsoffiziere innerhalb seines Befehlsbereichs in derselben Weise berechtigt.

Offiziere niederen Grades sind den Ehrengerichten über Stabsoffiziere in den Fällen unterworfen, in welchen sie mit Stabsoffizieren gemeinsam beteiligt sind.

Ermittelungen: § 24; Einholung der Entscheidung über Anordnung des ehrengerichtlichen Verfahrens unter Berichterstattung: § 27; Leitung des ehrengerichtlichen Verfahrens: § 34; Vorladung des Angeschuldigten und der Zeugen sowie Erledigung der erforderlichen Requisitionen: § 35; Entscheidung bei Verschiedenheit der Ansichten innerhalb des Ehrenrates und Ermächtigung an den Ehrenrat, die Akten zu schließen: § 39; Veranlassung der Ausdehnung des Verfahrens auf neu hervorgetretene Punkte: § 40; Berufung des Ehrengerichts: § 42; Leitung des Ehrengerichts: §§ 50, 54; Veranlassung der vom Ehrengericht gewünschten Vervollständigung der Untersuchung: § 56; Entscheidung bei Stimmengleichheit: § 57; Veranlassung der Ausfertigung des Ehrengerichtsspruches: § 59; Bekanntmachung der auf Freisprechung oder Warnung lautenden Allerhöchsten Entscheidung und des Ehrengerichtsspruches an den Angeschuldigten: § 60; Mitteilung des Ehrengerichtsspruches bzw. der Akten an die Militärvorgesetzten bzw. die vorgesetzte Dienstbehörde: § 61.

Der Kommandeur ist für die Leitung des Verfahrens verantwortlich: § 34 Abs. 1. Ein Gutachten des Ehrenrates macht den Kommandeur von der auf ihm ruhenden Verantwortlichkeit nicht frei. AKO. v. 5/6 58. — Derjenige, welcher allgemein in Behinderungsfällen die Befehlsbefugnisse des Kommandeurs überkommt, wird auch in Ehrengerichtsangelegenheiten sein Stellvertreter. Vgl. § 23 MStGO. nebst Anm.

Offizierkorps des Beurlaubtenstandes: §§ 8, 9. Durch die Teilung des Offizierkorps wird an den Pflichten des Kommandeurs nichts geändert. Er hat jedes der geteilten Ehrengerichte zu leiten.

Abs. 2. Vgl. § 19 a. E.

Marine:

§ 11. Ehrengerichte über Stabsoffiziere werden durch die Flagg- und Stabsoffiziere gebildet. Es besteht ein Ehrengericht:

für alle Stabsoffiziere, welche in Berlin ihren Standort haben oder dorthin kommandiert sind,

bei jeder Flotte und

bei jedem Marinestationskommando: für sämtliche Stabsoffiziere, welche der Stationszugehörigkeit ihres Marineteils nach zu der Station gehören, soweit sie nicht einem der vorgenannten Ehrengerichte unterstellt sind.

Welchem Ehrengerichte Stabsoffiziere zugewiesen werden sollen, welche infolge ihrer dienstlichen Stellung einem der vorstehend genannten Ehrengerichte nicht unterstellt sind, werde Ich jedesmal besonders bestimmen.

Offiziere niederen Grades sind den Ehrengerichten über Stabsoffiziere in den Fällen unterworfen, in welchen sie mit Stabsoffizieren gemeinsam beteiligt sind.

Während des Kriegszustandes ist jeder mit den gerichtsherrlichen Befugnissen eines kommandierenden Admirals betraute Befehlshaber berechtigt, innerhalb seines Befehlsbereichs ein Ehrengericht über einen Stabsoffizier zu bilden.

§ 12. Das Ehrengericht wird geleitet:

In Berlin von dem ältesten Seeoffizier, welcher sich in einer Immediatstelle nicht befindet,

bei einer Flotte von dem nach dem Flottenchef ältesten Seeoffizier,

bei einem Marinestationskommando von dem nach dem Stationschef ältesten Seeoffizier des betreffenden Befehlsbereichs.

Wo in der gegenwärtigen Verordnung von dem „Kommandeur" die Rede ist, sind darunter die in den §§ 10 und 12 mit der Leitung der Ehrengerichte beauftragten Offiziere zu verstehen.

Durch AKO. v. 30/10 03 (MVBl. S. 420) ist weiterhin im Hinblick auf die gebildete aktive Schlachtflotte bestimmt:

Die Ehrengerichte über Kapitänleutnants und Subalternoffiziere der aktiven Schlachtflotte werden geleitet: Bei einem Geschwader von dem 2. Admiral, wo ein solcher nicht kommandiert ist, von dem ältesten Kommandanten desselben, bei den Aufklärungsschiffen von dem ältesten Befehlshaber der letzteren.

Für die aktive Schlachtflotte wird ein gemeinsames Ehrengericht über Stabsoffiziere gebildet. Das Ehrengericht wird geleitet von dem nach dem Flottenchef ältesten Seeoffizier der aktiven Schlachtflotte. Während des Kriegszustandes erhält jeder mit der höheren Gerichtsbarkeit zweiter Instanz betraute Befehlshaber in derselben Weise die Berechtigung zur Bildung eines Ehrengerichts über Stabsoffiziere innerhalb seines Befehlsbereichs.

---

§ 13. Vgl. §§ 5, 7 nebst Anm.; ferner § 31 Abs. 1. Ehrenrat s. § 21; Spruchsitzung eines Ehrengerichts über Stabsoffiziere: § 45.

Abs. 1. Territorialbezirk des Gardekorps: § 10 Abs. 3. Bezüglich der inaktiven Offiziere, die im aktiven Heere in einer Offizierstelle wieder Verwendung gefunden haben, vgl. Anm. zu § 5 Abs. 2. — Nach § 9 BGB. hat eine Militärperson ihren Wohnsitz am Garnisonorte. Im übrigen vgl. Anm. zu § 4 Z. 5.

IV. Vom Ehrenrat.

§ 14. (Marine: **§ 13.**) **Bei jedem Ehrengericht wird ein Ehrenrat gebildet. Derselbe hat unter Leitung des Kommandeurs als dessen Organ die Geschäfte des Ehrengerichts zu führen.**

Das älteste Mitglied des Ehrenrats ist Präses des Ehrenrats.

Abs. 2. Auch die Stellvertretung dieses Generals wird sogleich mit zu regeln sein. Vgl. Anm. zu § 12.

Abs. 3. Vgl. § 15 Abs. 2. Das Ehrengericht über Stabsoffiziere setzt sich nach § 13 zusammen aus einem General (Abs. 2), dem die Befugnisse eines Kommandeurs im Sinne des § 12 zustehen, und neun Stabsoffizieren. Diese sind zu gleichen Teilen aus den drei Chargen Oberst, Oberstleutnant und Major zu wählen, so daß also von jeder Charge drei Mitglieder ins Ehrengericht gelangen, dieses also gebildet wird aus einem General, drei Obersten, drei Oberstleutnants und drei Majors. — Wahlberechtigt sind sämtliche im Territorialbezirk des Armeekorps in Garnison befindlichen Stabsoffiziere des aktiven Dienststandes einschließlich der zur Gendarmerie gehörigen. —

Gleichzeitig ist je ein Stellvertreter für jeden der neun Stabsoffiziere mit entsprechender Charge zu wählen, so daß also im ganzen achtzehn Stabsoffiziere gewählt werden müssen.

Den Wahlakt ordnet der kommandierende General an. Er bestimmt, wie sich die Wahl zu vollziehen hat, ob durch schriftliche oder mündliche Stimmenabgabe. Werden die Wahlzettel übersandt, so stellt der kommandierende General selbst den Erfolg der Wahl fest. Findet eine Vereinigung der Stabsoffiziere zur Wahl statt, so dürfte der älteste unter ihnen den Wahlakt leiten.

Das Jahr, für das die Wahl erfolgt, ist das Kalenderjahr. Vgl. Abs. 5. Die relative Stimmenmehrheit entscheidet, d. h. derjenige ist als gewählt anzusehen, welcher die meisten Stimmen auf sich vereinigt. — Das Dienstalter in der Charge entscheidet, d. h. der Ältere bzw. Älteste im Dienstalter von den mit einer gleichen Zahl von Stimmen Bedachten gilt als gewählt.

Scheidet einer der Gewählten im Laufe des Jahres aus (Versetzung, Beförderung in eine höhere Charge, Tod), so hätte der kommandierende General insoweit eine Neuwahl anzuordnen, die sich auf den Rest des Jahres bezieht. In erster Reihe tritt aber für das ausscheidende Mitglied der Stellvertreter ein. Vgl. § 18. — Über Beförderung in eine höhere Charge s. auch § 15 Abs. 5.

Der Ehrenrat eines Ehrengerichts über Stabsoffiziere wird jedesmal aus denjenigen Mitgliedern des Ehrengerichts gebildet, welche bei ihrer Wahl als solche die meisten Stimmen erhalten. § 21 Abs. 2.

Landgendarmerie: vgl. § 4 Z. 4. Der auf sie bezügliche Satz ist durch AKO. v. 5/11 91 (AVBl. S. 246) hinzugekommen. — Nach § 9 Z. 1 der Dienstanweisung für die Bekleidungsämter v. 10/3 04 sind die Stabsoffiziere — auch die charakterisierten — dem Ehrengericht über Stabsoffiziere ihres Korpsbezirks, an dessen Wahl sie auch teilnehmen, unterstellt.

Abs. 4. Vgl. § 15 Abs. 3.

Abs. 5. Die Wahl hat also stattzufinden in der Zeit vom 1. September bis 31. Dezember. Vgl. Abs. 3 nebst Anm.

Abs. 6. Kriegszustand s. § 10 Abs. 4 nebst Anm. Über „dieselbe Weise" s. Abs. 2 u. 3.

Abs. 7. Vgl. Anm. zu § 7 Abs. 2. Wenn der Stabsoffizier und der Offizier niederen Grades Ehrengerichten verschiedener Armeekorps oder Ehrengerichten des Heeres und der Marine unterstehen, s. § 32 Abs. 2 nebst Anm.

§ 14. Bildung und Tätigkeit des Ehrenrats. Zusammensetzung und Wahl des Ehrenrats eines Ehrengerichts über Hauptleute usw.: § 15; besonderer Ehrenrat eines Infanteriebataillons oder einer Artillerieabteilung: § 16; Wahl des Ehrenrats: § 17; Ersatzwahlen: § 18; Ehrenrat bei Truppenteilen usw., die kein eigenes Ehrengericht zu bilden berechtigt sind: § 19; Bildung eines gemeinsamen Ehrenrats während des Kriegszustandes: § 20;

§ 15. (Marine: **§ 14.**) **Der Ehrenrat eines Ehrengerichts über Hauptleute oder Rittmeister — Kapitänleutnants bzw. Hauptleute — und Subalternoffiziere besteht aus:**

Ehrenrat eines Ehrengerichts über Stabsoffiziere: § 21; Recht der Kenntnisgabe von ehrverletzenden Handlungen oder Unterlassungen: § 22; Pflicht des Ehrenrats bezüglich der an ihn gelangten Mitteilungen: § 23; Anstellung von Ermittelungen durch den Ehrenrat: § 24; Behandlung der vom Ehrenrat des § 19 vorgenommenen Ermittelungen: § 25; Recht und Pflicht jedes den Ehrengerichten unterstellten Offiziers: § 26.

Abs. 1. Bei jedem Ehrengericht findet die Bildung eines Ehrenrats statt, also sowohl bei den Ehrengerichten über Hauptleute usw. (§§ 7 Abs. 1 Z. 1, 8—12, 15 ff.), als auch bei den über Stabsoffiziere (§§ 7 Abs. 1 Z. 2, 13, 21). Außerdem s. §§ 19, 25.

Der Ehrenrat ist nach Abs. 1 ein Organ des Kommandeurs (s. §§ 12, 24), das seinen Anordnungen wie denen eines Befehlshabers nachzukommen hat. Indem die Zusammensetzung der Ehrenräte der Offizierkorps von der Wahl der Kameraden abhängig gemacht wurde, war es nicht allein die Absicht, den Kommandeuren für die oft schwierigen Geschäfte in Ehrensachen besonders geeignete Organe zu geben, sondern auch die, solche Offiziere für die Funktionen zu finden, die das Vertrauen ihrer Kameraden in so hohem Grade besitzen, daß sie mit Erfolg als deren berufene Ratgeber in Ehrensachen wirken können. Vgl. die Einleitung. Der Ehrenrat stellt gemäß dem ihm vom Kommandeur gegebenen Auftrage Ermittelungen an, Vorgänge fest, um dem Kommandeur die Entscheidung zu ermöglichen, welcher Weg in der Angelegenheit einzuschlagen ist (§§ 24, 23). Er gibt ein Gutachten ab zum Zwecke der Entscheidung des Befehlshabers (§ 27 Abs. 2 a) sowie für die Spruchsitzung des Ehrengerichts (§ 50 Abs. 3) und führt nach den Direktiven des Kommandeurs die ehrengerichtliche Untersuchung (§ 34).

Erledigung von Requisitionen durch den Ehrenrat: § 35. Der Ehrenrat wird vom Kommandeur ermächtigt, die Akten zu schließen, sobald weitere Ermittelungen nicht für erforderlich erachtet werden: § 39 Abs. 2. Bei Verschiedenheit der Ansichten innerhalb des Ehrenrats über das zu beobachtende Verfahren entscheidet der Kommandeur. § 39 Abs. 1. Schlußvernehmung des Angeschuldigten durch den Ehrenrat: § 41.

Der Ehrenrat stimmt in der Spruchsitzung zuerst, nimmt die Stimmen der übrigen Mitglieder des Ehrengerichts entgegen und führt über die ganze Verhandlung in der Spruchsitzung ein Protokoll. § 50 Abs. 3. Er besorgt im Auftrage des Kommandeurs die Ausfertigung des Ehrengerichtsspruches (§ 59) und macht dem Angeschuldigten die auf Grund des Spruches getroffene Allerhöchste Entscheidung gleichzeitig mit dem Spruche selbst bekannt, wenn sie nicht auf Freisprechung oder auf eine Warnung lautet. In diesen Fällen ist er bei der Bekanntmachung durch den Kommandeur anwesend (§ 60).

Besondere Tätigkeit des Ehrenrats, wenn Privatstreitigkeiten und Beleidigungen zwischen Offizieren vorgekommen sind, die nicht alsbald auf gütlichem Wege standesgemäß beglichen werden, s. Ergänzungsorder. — In der Allerhöchsten Einleitung zur VO. ist den Ehrenräten zudem zur Pflicht gemacht, denjenigen ihrer Kameraden, welche an sie in Ehrensachen sich wenden, mit kameradschaftlichem Rat zur Seite zu stehen.

Abs. 2. Das älteste Mitglied des Ehrenrats eines Ehrengerichts über Hauptleute usw. ist im Regelfalle der gemäß § 15 gewählte Hauptmann bzw. Rittmeister. Doch könnte nach § 15 Abs. 3 auch eine andere Charge in Frage kommen. Beim Ehrenrat eines Ehrengerichts über Stabsoffiziere ist der Oberst Präses. § 21 nebst Anm.

Was die Stellvertretung des Präses anlangt, so dürfte diese bezüglich des Ehrenrats eines Ehrengerichts über Hauptleute usw. durch § 15 (s. Abs. 2) ausreichend geregelt sein. Beim Ehrenrat eines Ehrengerichts über Stabsoffiziere kann es jedoch zweifelhaft sein, ob derjenige Oberst, der als Mitglied des Ehrengerichts die nächstgrößte Stimmenzahl auf sich vereinigt hat bzw. bei Stimmengleichheit im Dienstalter voraufging (§§ 13 Abs. 3, 21 Abs. 2), als Präses eintritt oder aber der Stellvertreter des ständigen Präses in seiner Eigenschaft als Mitgliedes des Ehrengerichts. Im Hinblick auf die gesamte Regelung der Stellvertretung im Rahmen der VO. kommt letzterer wohl allein in Frage. Vgl. insbesondere auch § 18.

§ 15. Zusammensetzung und Wahl des Ehrenrats eines Ehrengerichts über Hauptleute usw. Vgl. § 14 nebst Anm., insbesondere zu Abs. 1.

Abs. 1. Über den Präses des Ehrenrats vgl. Anm. zu § 14 Abs. 2.

einem Hauptmann oder Rittmeister — Kapitänleutnant oder Hauptmann —,
einem Oberleutnant und
einem Leutnant.

Derselbe wird aus den Mitgliedern des Ehrengerichts jedesmal auf Ein Jahr durch relative Stimmenmehrheit derart gewählt, daß das gesamte Offizierkorps den Leutnant, die Stabsoffiziere, Hauptleute und Oberleutnants den Oberleutnant, die Stabsoffiziere und Hauptleute den Hauptmann wählen. Gleichzeitig wird für jedes Mitglied des Ehrenrats in derselben Weise ein Stellvertreter gewählt — daß sämtliche Mitglieder den Leutnant; die Mitglieder vom Oberleutnant aufwärts den Oberleutnant; die Mitglieder vom Kapitänleutnant (Hauptmann) aufwärts den Kapitänleutnant (Hauptmann) wählen. Gleichzeitig sind für jedes Mitglied des Ehrenrats zwei Stellvertreter derart zu wählen, daß jeder für die betreffende Kategorie in Betracht kommende Wähler drei Namen ohne besondere Bezeichnung der als Mitglieder oder Stellvertreter Vorgeschlagenen angibt. Aus der Berechnung der auf die einzelnen gefallenen Stimmenzahl geht als Mitglied dasjenige hervor, welches die meisten Stimmen auf sich vereinigt. Der in der Stimmenzahl Folgende wird erster, der nächste zweiter Stellvertreter —.

Die nach Verlauf des Jahres ausscheidenden Mitglieder des Ehrenrats sind wieder wählbar.

Sind eine oder zwei Chargen im Offizierkorps nicht vertreten, so werden für sie aus der nächst niederen Charge ein zweites und nötigenfalls noch ein drittes Mitglied des Ehrenrats und deren Stellvertreter gewählt. Ist die niedrigste Charge nicht vertreten, so wird das für dieselbe bestimmte Mitglied des Ehrenrats und dessen Stellvertreter aus der nächst höheren Charge gewählt.

Sind einzelne Dienstgrade unter den Mitgliedern des Ehrengerichts nicht vertreten, so wird in erster Linie aus den nächst niederen Dienstgraden, in zweiter Linie aus den nächst höheren Dienstgraden gewählt.

Beförderung in eine höhere Charge — einen höheren Dienstgrad — bewirkt das Ausscheiden des betreffenden Mitgliedes aus dem Ehrenrat, — falls Ersatz für denselben innerhalb des Ehrengerichts vorhanden ist. —

Abs. 2. Das Jahr ist das Kalenderjahr. Vgl. § 13 Abs. 3 nebst Anm. u. § 17 Abs. 1. Derjenige wird durch relative Stimmenmehrheit gewählt, welcher die meisten Stimmen auf sich vereinigt. Vgl. § 13 Abs. 3 nebst Anm. Gesamtes Offizierkorps: §§ 8 Abs. 2, 6 nebst Anm. Tritt Stimmengleichheit ein, so entscheidet die Stimme des den Wahlakt leitenden Kommandeurs bzw. seines Stellvertreters. AKO. v. 12/10 76. Über die Zeit der Wahl s. § 17; Ersatzwahlen: § 18.

Abs. 3. Vgl. § 13 Abs. 4.

Abs. 4. Nach Abs. 4 könnte sich der Ehrenrat nur aus Leutnants zusammensetzen, von denen der dem Dienstalter nach älteste der Präses (§ 14 Abs. 2) sein würde. Der in Abs. 4 in Betracht gezogene Fall wird selten bei einem Truppenteil, möglicherweise aber bei einer Militärbehörde oder militärischen Anstalt (§ 19) sich ereignen können. — Wenn eine Charge nur durch eine Person vertreten ist, so muß diese als Mitglied des Ehrenrats gewählt werden, und der Stellvertreter wird aus der nächst niederen und, wenn es sich um einen Leutnant handelt, aus

§ 16. Haben Bataillone oder Abteilungen eines Infanterie- oder Artillerie-regiments verschiedene Garnisonen, so wird für jedes einzeln garnisonierende Bataillon, bzw. für solche Abteilung ein besonderer Ehrenrat gebildet.

§ 15. Haben Abteilungen bzw. Kompagnien der zu einem Ehrengerichte vereinigten Marineteile verschiedene Garnisonen, so wird in jeder Garnison ein besonderer Ehrenrat gebildet.

§ 17. (Marine: **§ 16.**) Die Wahl des Ehrenrats hat am 1. September jeden Jahres oder an einem der nächstfolgenden Tage — bald möglichst nach erfolgtem Hauptstellenwechsel im Herbst jedes Jahres —, möglichst in gemeinsamer Vereinigung der wahlberechtigten Offiziere stattzufinden.

Den Wahlakt leitet der Kommandeur; die Wahl erfolgt durch Abgabe, bzw. Einsendung von Stimmzetteln.

An der Wahl des Ehrenrats für einzeln garnisonierende Bataillone oder Abteilungen — Abteilungen oder Kompagnien der zu einem Ehrengerichte vereinigten Marineteile — nehmen nur deren Offiziere Teil.

Der neue Ehrenrat tritt in Funktion, sobald die Wahl durch den Kommandeur konstatiert ist.

§ 18. (Marine: **§ 17.**) Ersatzwahlen für den Ehrenrat im Laufe des Jahres finden nur dann statt, wenn ein Mitglied und auch dessen Stellvertreter fehlt.

---

der nächst höheren Charge gewählt. Solms Anm. 4 zu § 15. — Vgl. übrigens über die Bildung eines gemeinsamen Ehrenrats während des Kriegszustandes § 20.

Abs. 5. Vgl. Anm. zu § 13 Abs. 3. Ersatzwahlen: § 18.

§ 16. Besonderer Ehrenrat eines Infanteriebataillons oder einer Artillerieabteilung. Vgl. § 19; Anm. zu § 23. Über die Wahl dieses Ehrenrats vgl. § 17. Es handelt sich hier nicht um selbständige Bataillone und Abteilungen, die nach § 16 zu bildenden Ehrenräte unterstehen vielmehr alle der Leitung des an der Spitze des gesamten Offizierkorps stehenden (Regiments-Kommandeurs (§ 12). Der Kommandeur des Bataillons bzw. der Abteilung hat mit dem besonderen Ehrenrat nichts zu tun.

In derjenigen Garnison, in der sich der Ehrenrat befindet, der die Untersuchung geführt hat, findet zuerst eine Spruchsitzung statt. § 44.

§ 17. Wahl des Ehrenrats. Vgl. § 15; Anm. zu § 14 Abs. 1.

Abs. 1. Vgl. § 13 Abs. 5 nebst Anm. Über die wahlberechtigten Offiziere vgl. § 15 Abs. 2. Diese sollen also alle zu dem Wahlakt, soweit dies möglich ist, — soweit nicht Beurlaubung, Krankheit, Kommandos u. dgl. entgegenstehen —, vereinigt werden.

Abs. 2. Über den Kommandeur vgl. § 12 nebst Anm. Die zur Wahl vereinigten Offiziere geben ihren Stimmzettel ab, die am Erscheinen verhinderten, sind rechtzeitig zur Einsendung zu veranlassen. — Wenn Stimmengleichheit eintritt, s. die AKO. v. 12/10 76 in Anm. zu § 15 Abs. 2.

Abs. 3. Vgl. §§ 16, 44.

§ 18. Ersatzwahlen. „Im Laufe des Jahres" s. Anm. zu § 15 Abs. 2.

Der Ausdruck „fehlt" (bzw. „fehlen") in diesem Paragraphen bezieht sich nicht auf jede vorübergehende Verhinderung eines Mitgliedes des Ehrenrats, sondern nur auf solche Umstände, die das Ausscheiden aus dem Ehrenrat an und für sich zur Folge haben oder doch eine dauernde Behinderung begründen. Hierzu gehören außer den im § 15 (§ 14) erwähnten Beförderungen z. B. Kommandos von längerer Dauer, Verurteilung zu längerer Freiheitsstrafe usw. Wenn aber ein Mitglied und sein Stellvertreter gleichzeitig einen kürzeren Urlaub haben oder gleichzeitig leicht erkrankt sind, so treffen die Voraussetzungen des § 18 (§ 17) nicht zu. Ebensowenig auch, wenn ein Mitglied dauernd, sein Stellvertreter aber nur vorübergehend verhindert ist. Erscheint in solchen Fällen die Sache nicht aufschiebbar, so muß durch Ersuchen an einen anderen Ehrenrat Abhilfe geschaffen werden. Kab. Schr. v. 2/10 99; Marine: Kab. Schr. v. 31/8 01.

§ 19. (Marine: **§ 18.**) Auch bei denjenigen Truppenteilen — Marineteilen und den allein segelnden oder einem Geschwaderverbande angehörenden Schiffen —, welche kein eigenes Ehrengericht zu bilden berechtigt sind, sowie bei Militärbehörden und militärischen Anstalten — anderen Marinebehörden und Marineinstituten — kann, nach Maßgabe der §§ 15, 17 und 18 — Mar.: §§ 14, 15, 16 —, für Hauptleute oder Rittmeister — Kapitänleutnants oder Hauptleute — und Subalternoffiziere ein Ehrenrat gebildet werden, wenn der Befehlshaber —, Kommandant — oder Vorstand derselben es für nötig hält. Auf Schiffen, welche weniger als neun Offiziere einschl. des Kommandanten haben, sowie bei in gleichem Maße in der Zahl der Offiziere beschränkten Abteilungen oder Kompagnien besteht der Ehrenrat aus einem Kapitänleutnant und einem Oberleutnant. Dieser Ehrenrat tritt zu dem betreffenden Truppenbefehlshaber bzw. zu dem Vorstande der Behörde oder der Anstalt in dasselbe Verhältnis, wie der Ehrenrat eines Ehrengerichts (§ 14 — Mar.: § 13 —) zu dem Kommandeur.

§ 20. (Marine: **§ 19.**) Während des Kriegszustandes können die im § 28 bezeichneten Befehlshaber mehrere Truppenteile, die zu schwach sind, — mehrerer Marineteile oder Schiffe, welche nicht die erforderliche Anzahl von Offizieren haben —, um einen eigenen Ehrenrat — (Mar.: § 14) — zu bilden, einen gemeinsamen Ehrenrat bilden lassen.

§ 21. Der Ehrenrat eines Ehrengerichts über Stabsoffiziere besteht aus:
einem Obersten,
einem Oberstleutnant und
einem Major.

Derselbe wird jedesmal aus denjenigen Mitgliedern des Ehrengerichts gebildet, welche bei ihrer Wahl als solche (§ 13) die meisten Stimmen erhalten.

Marine:

§ 20. Der Ehrenrat eines Ehrengerichts über Stabsoffiziere besteht aus:
einem Kapitän zur See oder Oberst,
zwei Fregatten- bzw. Korvettenkapitäns oder Oberstleutnants bzw. Majors.

---

§ **19.** Ehrenrat bei Truppenteilen usw., die kein eigenes Ehrengericht zu bilden berechtigt sind. Vgl. Anm. zu § 14. Die Bildung des Ehrenrats ist hier also ganz in das Ermessen des betreffenden Befehlshabers bzw. Vorstandes gelegt und es besteht die Möglichkeit, daß in der Folge das Bestehen eines Ehrenrats nicht mehr für nötig erachtet und er deshalb in Wegfall gebracht wird. — Vgl. Anm. zu §§ 15, 17 u. 18.

Die Truppenteile, die ein eigenes Ehrengericht zu bilden berechtigt sind, führt § 8 auf. Wenn Hauptleute usw. nicht Mitglieder eines Offizierkorps im Sinne des § 6 sind, so werden sie gemäß § 10 Abs. 2 einem Ehrengerichte unterstellt.

Militärbehörde z. B. das Kriegsministerium; militärische Anstalten z. B. Kadettenkorps, Kriegsschule, Schießschule usw.

Bei dem reitenden Feldjägerkorps ist gleichfalls nach Maßgabe der §§ 15, 19 u. 25 ein Ehrenrat zu bilden. AKO. v. 21/4 77. Vgl. Anm. zu § 29 Abs. 1.

Was mit den von dem nach § 19 gebildeten Ehrenrat aufgenommenen Verhandlungen zu geschehen hat, sagt § 25.

§ **20.** Bildung eines gemeinsamen Ehrenrats während des Kriegszustandes. Kriegszustand: vgl. Anm. zu § 10 Abs. 4. Nach § 28 kommt der mit Gerichtsbarkeit über Offiziere betraute direkte Befehlshaber desjenigen Truppenteils in Frage, dessen Ehrengericht der Bezichtigte unterstellt ist. Vgl. Anm. zu § 28 Abs. 1.

Über die Vereinigung mehrerer Offizierkorps zur Fällung eines ehrengerichtlichen Spruches während des Kriegszustandes s. § 48.

Der Ehrenrat wird auf Anordnung des im § 12 bezeichneten Kommandeurs aus den aktiven zu dem Bezirk des betreffenden Ehrengerichts gehörenden und am Lande sowie an Bord der in den heimischen Gewässern stationierten Schiffe befindlichen Stabsoffizieren gewählt. Für jedes Mitglied des Ehrenrats werden gleichzeitig zwei Stellvertreter gewählt.

Die Wahl geschieht am 1. November jeden Jahres jedesmal auf ein Jahr und durch relative Stimmenmehrheit derart, daß sämtliche stimmpflichtige Flaggoffiziere und Stabsoffiziere an der Wahl der drei Mitglieder und der sechs Stellvertreter teilnehmen.

Mitglieder und Stellvertreter werden, wie im § 14 für den Ehrenrat der Kapitänleutnants usw. angegeben, gleichzeitig gewählt, so daß jeder Wähler drei Kapitäns zur See oder Obersten und sechs Fregatten- bzw. Korvettenkapitäns oder Oberstleutnants bzw. Majors ohne besondere Bezeichnung der als Mitglieder oder Stellvertreter Vorgeschlagenen anzugeben hat. Bei Stimmengleichheit entscheidet das Dienstalter in dem Dienstgrade. Die Mitglieder des Ehrenrats und deren Stellvertreter sind nach Ablauf der Wahlperiode wieder wählbar.

§ 21. Sind auf Schiffen eines im Auslande stationierten Geschwaders oder einer Division mindestens sieben Stabsoffiziere eingeschifft, so steht es dem Geschwader- bzw. Divisionschef frei, vorkommendenfalls einen Ehrenrat durch Wahl zu installieren.

§ 22. Jeder Offizier hat das Recht, Handlungen und Unterlassungen jedes anderen Offiziers des Deutschen Heeres oder der Marine, welche die Ehre desselben oder die des Standes gefährden oder verletzen, zur Kenntnis des Ehrenrats oder des direkten Vorgesetzten des Bezichtigten zu bringen.

---

§ **21.** Bildung des Ehrenrats eines Ehrengerichts über Stabsoffiziere. Vgl. Anm. zu § 14 Abs. 1.

Abs. 1. Ehrengericht über Stabsoffiziere: §§ 5 Abs. 1 Z. 2, 7 Abs. 1 Z. 2, 13. Über den Präses des Ehrenrats und seine Stellvertretung vgl. § 14 Abs. 2 nebst Anm.

Abs. 2. Diese Ehrenratsbildung stellt sich also als eine weitere Folge der Wahl zum Ehrengerichte (vgl. § 13 Abs. 3 nebst Anm.) dar. Eine besondere Wahl des Ehrenrats findet hier nicht statt.

§ 22. Recht der Kenntnisgabe von ehrverletzenden Handlungen und Unterlassungen. Antrag auf einen ehrengerichtlichen Spruch gegen sich selbst: §§ 2 b, 26.

Jeder Offizier hat das Recht, aber nicht die Pflicht. Immerhin besteht eine Ehrenpflicht für den Angehörigen des Offizierstandes, mitzuwirken und zu helfen, um die für die Standesehre bestehende Gefahr abzuwenden, um durch die Sühne der verletzten Standesehre den Ehrenschild wieder vom Makel freizumachen. — Über eine besondere Anzeigepflicht vgl. Ergänzungsorder unter I; s. Anlagen. — „Handlungen und Unterlassungen": vgl. § 2 a nebst Anm.; § 3 Abs. 1 nebst Anm.

Wie der Ehrenrat nach erfolgter Kenntnisnahme zu verfahren hat, sagt § 23. Der direkte Vorgesetzte bringt die ihm unterbreitete Angelegenheit bei dem zuständigen Ehrenrat bzw. Kommandeur zur Kenntnis. Eine nicht zuständige Stelle ist gehalten, die an sie gelangte Sache dorthin weiterzugeben, wo sich die Zuständigkeit befindet. Stellt ein Ehrenrat seine Unzuständigkeit für die ihm zur Kenntnis gebrachte Angelegenheit fest, so erstattet er seinem Kommandeur Bericht und dieser gibt die Sache, falls er nicht anderer Ansicht ist, an die zuständige Stelle ab.

Die Form der Anzeige ist nicht vorgeschrieben, sie kann mündlich oder schriftlich erfolgen. — Entgegengenommen kann sie werden von jedem Mitglied des Ehrenrats, am zweckmäßigsten dürfte sie aber beim Präses anzubringen sein.

Erweist sich die Anzeige als eine falsche, so ist gegen den, der sie angebracht hat, nach Maß-

§ 23. Der Ehrenrath hat die Pflicht, sobald Handlungen oder Unterlassungen, welche die Ehre eines Offiziers gefährden oder verletzen können, zu seiner Kenntnis kommen, dem ihm vorgesetzten Kommandeur davon Meldung zu machen. Der Kommandeur entscheidet dann nach Anhörung des Ehrenrats, ob und auf welchem Wege die Sache weiter zu verfolgen ist.

§ 24. Hält der Kommandeur Ermittelungen zur Feststellung des Tatbestandes für nötig, so hat der Ehrenrat dieselben in seinem Auftrage vorzunehmen und ihm nach seiner Bestimmung über das Ergebnis mündlich oder schriftlich zu berichten.

Dasselbe gilt von Vorgängen, mit deren Feststellung der Kommandeur den Ehrenrat ohne vorherige Anzeige desselben beauftragt.

Befinden sich die Mitglieder des Ehrenrats nicht an Einem Orte, so hat der Kommandeur die Berechtigung, den Ehrenrat, wenn es ihm geboten erscheint, an einem von ihm zu bestimmenden Orte zur Erledigung der demselben übertragenen Geschäfte zusammentreten zu lassen.

---

gabe der Umstände ebenso zu verfahren wie gegen diejenigen, welche eine unbegründete Beschwerde anbringen oder mit der falschen Anschuldigung eines Vergehens hervortreten. KM. v. 21/11 43. Vgl. § 164 RStGB. (§§ 185—187); § 152 MStGB. (§§ 91, 121).

§ 23. Pflicht des Ehrenrats bezüglich der an ihn gelangten Mitteilungen. Vgl. Anm. zu § 22. Über die hier fraglichen Handlungen und Unterlassungen vgl. § 2a nebst Anm., § 3 Abs. 1 nebst Anm.

Wie der Ehrenrat Kenntnis erlangt, vgl. §§ 22 nebst Anm., 26. — Die Bekanntgabe gegenüber dem Ehrenrat kann auch auf andere Weise erfolgt sein, insbesondere kann ein Mitglied des Ehrenrats privatim Mitteilungen erhalten haben. Es würde der Pflicht dieses Mitgliedes zuwider sein, wenn es Stillschweigen über seine Kenntnis bewahrte.

Die Meldung muß „sobald" als möglich erfolgen. Der Kommandeur entscheidet nach Anhörung des Ehrenrats. Die Vorschläge des Ehrenrats binden ihn aber keineswegs und entheben ihn nicht der Verantwortlichkeit. Vgl. Anm. zu § 12. Hat der Ehrenrat eines Bataillons oder einer Abteilung (§ 16) dem Kommandeur schriftlich Meldung über die zu seiner Kenntnis gebrachte Ehrenangelegenheit erstattet, so kann diese Meldung doch nicht als bereits erfolgte Anhörung gelten, vielmehr muß der Kommandeur, bevor er seine Entscheidung fällt, die (schriftlichen) Vorschläge des Ehrenrats einholen. In sehr kompliziert liegenden und besonders schwierigen Fällen wird es wohl unerläßlich sein, sich mit dem Ehrenrat in unmittelbare Beziehung zu setzen und mündlich zu verhandeln.

Der Anhörung des Ehrenrats wird sich der Kommandeur auch nicht entschlagen können, wenn ihm nicht vom Ehrenrat, sondern von anderer Seite Anzeige über die Angelegenheit gemacht worden ist. Vgl. § 24 Abs. 2. Als Anhörung des Ehrenrats hat auch die Besprechung des Kommandeurs mit dem Präses zu gelten, der sich vorher mit den übrigen Mitgliedern des Ehrenrats über den in der Sache zu verfolgenden Weg verständigt hat. Vgl. § 24 Abs. 1 nebst Anm.

Über den Weg, der zu verfolgen ist, vgl. §§ 24, 25, 27; ferner aber Anm. I zu § 1 Z. 1.

Auch dann, wenn bei vorgekommenen Privatstreitigkeiten und Beleidigungen Anzeige beim Ehrenrat erstattet ist, muß dieser zunächst dem Kommandeur Meldung erstatten. Letzterer ist daraufhin verpflichtet, den in der Ergänzungsorder unter II gewiesenen Weg einzuschlagen und die ungesäumte Aufklärung des Sachverhalts durch den Ehrenrat zu veranlassen. S. die Erg.Order in den Anlagen.

§ 24. Anstellung von Ermittelungen und Feststellung von Vorgängen durch den Ehrenrat vor Anordnung des ehrengerichtlichen Verfahrens (§ 28). Vgl. Anm. zu § 23.

Abs. 1. Der vom Kommandeur erteilte Auftrag wie überhaupt alle seine Anordnungen erscheinen den Mitgliedern des Ehrenrats gegenüber als Befehle in Dienstsachen. Vgl. §§ 92—94 MStGB., vgl. auch § 47 daselbst. — Im Hinblick auf § 32 wird es vor allem auch wichtig sein, feststellen zu lassen, ob mehrere Angeschuldigte in Frage kommen. — Bei Verschieden=

§ 25. Die von einem bei den im § 19 bezeichneten Truppenteilen, Militärbehörden oder militärischen Anstalten fungierenden Ehrenrat aufgenommenen Verhandlungen werden durch dessen Vorgesetzten an denjenigen Kommandeur zur weiteren Beschlußfassung abgegeben, — nach Maßgabe der §§ 21 und 18 auf Geschwadern, Divisionen und Schiffen oder bei Marineteilen, Marinebehörden oder Marineinstituten, welche ein eigenes Ehrengericht nicht zu bilden vermögen, aufgenommenen Verhandlungen des Ehrenrats werden durch den betreffenden Geschwader- usw. Chef, Kommandanten, Befehlshaber oder Vorstand an denjenigen Kommandeur (vgl. §§ 11 und 12) gesandt, — welcher das zuständige Ehrengericht zu leiten hat (§ 12).

Mit den aus dem Auslande abzusendenden, abgeschlossenen Verhandlungen des Ehrenrats muß die Verteidigungsschrift des Angeschuldigten sowie dessen Erklärung wegen einer eventuellen Stellvertretung vor dem Gericht eingesandt werden. Läßt aber das Gutachten des Ehrenrats einen auf die in §§ 52, 5 und 6 angegebenen Strafen lautenden Spruch erwarten, so ist der Angeschuldigte zur persönlichen Gestellung nach der Heimat zu überweisen.

---

heit der Ansichten innerhalb des Ehrenrats über das zu beobachtende Verfahren entscheidet der Kommandeur. § 39.

Den schriftlichen Bericht erstattet der gesamte Ehrenrat, zur Erstattung des mündlichen dürfte der Vortrag des Ehrenratspräses genügen. Doch liegt dies natürlich im Ermessen des Kommandeurs. Am Schlusse des schriftlichen Berichtes hat der Ehrenrat sich zu äußern, ob und auf welchem Wege die Sache weiter zu verfolgen ist (vgl. § 23). Damit würde sich dann die Anhörung des Ehrenrats (§ 23) erübrigen.

In der Ergänzungsorder (unter II) werden vom Ehrenrat nach dem Ergebnisse der Ermittelungen sowie nach Anhörung der Beteiligten neue schriftliche Vorschläge bzw. Erklärungen verlangt. S. in den Anlagen.

Vgl. übrigens § 156 MStGO. — Wenn während des im § 24 vorgesehenen Vorverfahrens eine Versetzung oder Verabschiedung (§ 4 Z. 5) stattfindet und dadurch ein anderes Ehrengericht für die schwebende Angelegenheit zuständig wird, so ist die Sache an den nunmehr zuständigen Kommandeur (§ 12) abzugeben, der sich nach Anhörung seines Ehrenrats über die weiteren Maßnahmen zu entschließen hat.

Abs. 2. Vgl. Anm. zu Abs. 1, ferner Anm. zu § 23. Wenn der direkte Vorgesetzte des Bezichtigten die zu seiner Kenntnis gelangte Ehrenangelegenheit (§ 22) dem Kommandeur unterbreitet oder der Antrag des § 26 unmittelbar beim Kommandeur gestellt wird oder aber, wenn der Kommandeur selbst auf andere Weise Kenntnis erhalten hat, kommt eine Anzeige des Ehrenrats nicht in Frage. — Es gilt dasselbe wie in Abs. 1, d. h. nach Feststellung der Vorgänge ist dem Kommandeur vom Ehrenrat mündlich oder schriftlich zu berichten. Der Bericht ersetzt die Anhörung.

Abs. 3. Die in das Ermessen des Kommandeurs gelegte Maßnahme des Abs. 3 ist in der Hauptsache nur für die Ehrengerichte der Offiziere eines Landwehrbezirks vorgesehen. Die §§ 15, 16 schließen jedoch nicht aus, daß die Wahl auf ein Mitglied des Ehrengerichts fällt, das sich in einem anderen Garnisonort befindet, als die übrigen zum Ehrenrat gewählten Mitglieder. — Zu Abs. 3 ist in dem Erlaß d. KM. v. 30/11 78 betr. die Reisegebührnisse der Offiziere des Beurlaubtenstandes in ehrengerichtlichen Angelegenheiten bestimmt, daß Reisen des Ehrenrats möglichst vermieden werden sollen. Lassen sich dergleichen Reisen nicht umgehen, so erhalten die Mitglieder des Ehrenrats für die Reise- und die unumgänglich notwendigen Aufenthaltstage die verordnungsmäßigen Reisekosten und Tagegelder nach Maßgabe der VO. v. 15/7 73 (AVBl. S. 207). Vgl. jetzt Reiseordnung für die Personen des Soldatenstandes §§ 56, 58 Z. 7. In dem Forderungsnachweise hat die Namhaftmachung des Angeschuldigten zu unterbleiben. § 67 Z. 6 der Reiseordnung. Für die Marine vgl. § 32 Z. 4 der Marinereiseordnung v. 28/3 92.

§ 25. Behandlung der vom Ehrenrat des § 19 aufgenommenen Ver-

§ 26. Jeder den Ehrengerichten unterstellte Offizier hat das Recht, auf einen ehrengerichtlichen Spruch gegen sich selbst anzutragen; sowie die Pflicht, jedem Ehrenrat Rede zu stehen und demselben Auskunft zu erteilen.

V. Von dem ehrengerichtlichen Verfahren.

§ 27. Findet der Kommandeur, daß die Handlung oder Unterlassung eines Offiziers ehrengerichtlichen Spruch erfordert, so hat derselbe nach Feststellung des Tatbestandes die Entscheidung des Befehlshabers, welcher berechtigt ist, ein ehrengerichtliches Verfahren über den Bezichtigten anzuordnen (§ 28), auf dem Instanzenwege einzuholen.

Dem hiernach zu erstattenden Berichte hat der Kommandeur:

a) die bisherigen Verhandlungen nebst einem Gutachten des Ehrenrats, — zu welchem auch die Zwischeninstanzen ihr Gutachten abzugeben haben — und

b) einen Personalbericht (nicht Qualifikationsbericht) des Bezichtigten beizufügen, welcher zugleich über die Führung desselben das für den Zweck Notwendige enthalten muß — einen kurzen Auszug aus dem Personalbogen nebst Äußerungen über

---

handlungen. Vgl. Anm. zu § 19. Hier können nur die Verhandlungen in Frage kommen, welche der § 24 vorsieht. Der Kommandeur, an den die Sache abgegeben wird und auf den die Verantwortlichkeit für das weitere Verfahren übergeht (§ 34), muß selbstverständlich in der Lage sein, aus den Verhandlungen zu entnehmen, ob ein ehrengerichtlicher Spruch erforderlich ist oder nicht, sein Ehrenrat muß die Möglichkeit haben, sich auf Grund der vorgenommenen Feststellungen gutachtlich zu äußern (§ 27). Der Tatbestand muß also bereits durch den Ehrenrat des § 19 möglichst genau festgestellt sein. Wäre dies nicht der Fall, so ist der Kommandeur, der das zuständige Ehrengericht zu leiten hat, befugt, den Befehlshaber oder Vorstand — den Vorgesetzten des Ehrenrats aus § 19 — um Vervollständigung der erforderlichen Grundlagen zu ersuchen. Vgl. Anm. zu § 27. Die aufgenommenen Verhandlungen können andererseits nicht die ehrengerichtliche Untersuchung (§§ 34 ff.) ersetzen.

Über das zuständige Ehrengericht vgl. § 10 Abs. 2.

§ 26. Recht und Pflicht jedes den Ehrengerichten unterstellten Offiziers. Wer den Ehrengerichten unterworfen ist, sagt § 4. Nach § 2b gehören zur Beurteilung der Ehrengerichte diejenigen Fälle, in welchen Offiziere zum Schutz ihrer eigenen Ehre auf einen ehrengerichtlichen Spruch antragen. — Über die Form des Antrages ist in der VO. nichts gesagt. Jedenfalls ist er schriftlich zu stellen und als ein Antrag im Sinne des § 26 kenntlich zu machen. Bei wem der Antrag zu stellen ist, sagt § 26 auch nicht; er kann also sowohl beim Ehrenrat als auch beim Kommandeur angebracht werden. Wenn der Antrag an eine nicht zuständige Stelle gelangt, s. Anm. zu § 22. Geht der Antrag beim Ehrenrat ein, so hat dieser gemäß § 23 zu verfahren. In jedem Falle entscheidet der Kommandeur (§§ 12, 13 Abs. 2, 19) nach Anhörung des Ehrenrats darüber, ob ein Schutz der Ehre des Antragstellers erforderlich ist oder nicht. Hält er ihn nicht für erforderlich, so tut er dies auf seine Verantwortung und gegen seine ablehnende Haltung steht dem Antragsteller keine Einwendung zu. Wird der Antrag für gerechtfertigt angesehen, so tritt das Verfahren gemäß § 27 (vgl. auch § 25) ein und gegen die ablehnende Entscheidung des in § 28 bezeichneten Befehlshabers ist der Rekurs zugelassen. § 30. Vgl. auch Anm. zu § 27 Abs. 2.

Jeder den Ehrengerichten unterstellte Offizier (§ 4) hat die Pflicht, jedem Ehrenrat — dem eigenen sowohl als auch dem requirierten (§ 35) — Rede zu stehen d. h. auszusagen sowie die Richtigkeit der Aussage auf Ehre und Pflicht zu versichern (§ 36 Abs. 2) und überhaupt Auskunft zu geben. Wer sich weigert, dieser Pflicht nachzukommen, macht sich strafbar im Sinne des § 94 MStGB.

Über die Anzeigepflicht, wenn zwischen Offizieren Privatstreitigkeiten und Beleidigungen vorgekommen sind, die nicht alsbald auf gütlichem Wege standesgemäß beglichen werden, vgl. Ergänzungsorder unter I in den Anlagen.

die Führung des Betreffenden, beides, soweit es für das ehrengerichtliche Verfahren in Betracht kommt —.

Kann der Kommandeur den Personalbericht zu b nicht selbst aufstellen, so ist derselbe im Wege der Requisition zu beschaffen.

Weder der Bericht noch die Gutachten dürfen die dem Offizier zur Last zu legende Handlung oder Unterlassung nach dem Grade der Strafbarkeit (Gefährdung der Standesehre usw.), welcher etwa als vorliegend angenommen wird, bezeichnen.

---

§ 27. Einholung der Entscheidung des im § 28 bezeichneten Befehlshabers. Zuständigkeit zur Anordnung des ehrengerichtlichen Verfahrens: § 28; Anordnung des ehrengerichtlichen Verfahrens und Dienstenthebung: § 29; Rekurs gegen die Entscheidung: § 30; Verweisung der Sache an ein Ehrengericht, dem der Angeschuldigte nicht unterworfen ist: § 31; Bestimmung eines gemeinschaftlichen Ehrengerichts: § 32; Rechtshängigkeit des ehrengerichtlichen Verfahrens: § 33; Verantwortlichkeit des Kommandeurs und Art der Untersuchungsführung: § 34; von wem die Vernehmungen des Angeschuldigten und der Zeugen vorgenommen werden: § 35; wie die Vernehmungen vorzunehmen sind: § 36; Einsichtnahme in die Akten des Ehrengerichts: § 37; Zugrundelegung der strafgerichtlichen Akten: § 38; Entscheidung des Kommandeurs bei Meinungsverschiedenheiten und seine Ermächtigung, die Akten zu schließen: § 39; Ausdehnung der Untersuchung auf neu hervorgetretene Handlungen und Unterlassungen: § 40; Schlußvernehmung des Angeschuldigten: § 41.

Die §§ 27—41 handeln von der Anordnung des ehrengerichtlichen Verfahrens und der ehrengerichtlichen Untersuchung, in den weiteren §§ folgt dann das Spruchverfahren.

Abs. 1. In erster Reihe wird stets der Kommandeur mit der Sache befaßt. Er stellt die Vorinstanz dar, die zunächst darüber zu entscheiden hat, ob und auf welchem Wege die Sache weiter zu verfolgen ist. § 23 nebst Anm. Sollte eine Anzeige gegen einen Offizier, der sich ehrengerichtlich vergangen hat, unter Umgehung des Kommandeurs bzw. seines Ehrenrats an den Befehlshaber des § 28 gelangt sein, so hätte dieser nichts weiter zu veranlassen, als die Sache an den zuständigen Kommandeur abzugeben.

Der Kommandeur hat die Entscheidung nach Abs. 1 auch einzuholen, wenn ein strafgerichtliches Verfahren gegen den Bezichtigten bereits veranlaßt bzw. in der Schwebe ist. Denn bei dem Befehlshaber des § 28 liegt die Entscheidung über das ehrengerichtliche „Einschreiten"; er setzt die Anordnung des ehrengerichtlichen Verfahrens bis zur Erledigung der Strafsache aus (vgl. Anm. zu § 3 Abs. 1) und hat auch darüber zu befinden, ob die im strafgerichtlichen Verfahren noch nicht veranlaßte Dienstenthebung (vgl. § 174 MStGO.) etwa im Hinblick auf die Ehrensache erfolgen soll (§ 29 Abs. 2).

Über die Feststellung des Tatbestandes vgl. §§ 24, 25 nebst Anm. — Bezüglich des Kommandeurs vgl. auch §§ 13 Abs. 2, 19.

Abs. 2. Der Bericht hat eine geschichtliche Darstellung des Tatbestandes zu enhalten, an deren Schluß sich der Kommandeur selbst über die Ehrenangelegenheit zu äußern, im Hinblick auf §§ 1 u. 2 zu erörtern hat, weshalb er das ehrengerichtliche Verfahren für erforderlich erachte, und dessen Anordnung nachzusuchen hat. Von diesem Bericht enthebt ihn auch nicht das Gutachten des Ehrenrats, das lediglich an der Hand der anderweitig (vgl. § 35) oder von dem Ehrenrat selbst angestellten Ermittelungen festzustellen hat, ob und weshalb ein Spruch des Ehrengerichts notwendig erscheint. — Der Kommandeur erstattet neben dem Berichte nicht noch ein Gutachten, alles Erforderliche ist im ersteren aufzunehmen. Eine Qualifizierung der durch die bisherigen Verhandlungen erwiesenen Verschuldung ihrer Schwere nach und die vorgreifende Bezeichnung der sich hieraus ergebenden Gefährdung oder Verletzung der Standesehre ist weder im Bericht noch in dem Gutachten zulässig. Kab. Schr. v. 2/10 99.

Die Zwischeninstanzen brauchen kein ausführliches Gutachten abzugeben, wenn sie sich mit der Auffassung des Kommandeurs und des Ehrenrats im Einklang befinden. — Über die Einsichtnahme in Bericht und Gutachten s. Anm. zu § 37 Abs. 1.

Wenn Solms (Anm. 3 zu § 27) meint, der Offizier, dessen Antrag auf einen ehrengerichtlichen Spruch (§ 26) vom Kommandeur abgelehnt werde, könne auf die Entscheidung des im § 28 bezeichneten Befehlshabers provozieren, so gibt die VO. dafür keinen Anhalt. Vielmehr ist offenbar die Auffassung vertreten, daß der Kommandeur mit der ihm auferlegten Verant-

§ 28. Das ehrengerichtliche Verfahren über einen Hauptmann, Rittmeister oder Subalternoffizier anzuordnen, ist nur der mit Gerichtsbarkeit über Offiziere betraute direkte Befehlshaber desjenigen Truppenteils berechtigt, dessen Ehrengericht der Bezichtigte unterstellt ist (§ 10).

Die Anordnung des ehrengerichtlichen Verfahrens über einen Stabsoffizier steht nur dem kommandierenden General (§ 13) zu, und während des Kriegszustandes dem nächsten mit gleichen Gerechtsamen betrauten, dem bezichtigten Stabsoffizier direkt vorgesetzten Befehlshaber.

Vor Anordnung eines ehrengerichtlichen Verfahrens über einen Regiments-Kommandeur oder im Range eines solchen stehenden Stabsoffiziers ist jedesmal Meine Entscheidung einzuholen.

Marine:

§ 28. Die Berechtigung, das ehrengerichtliche Verfahren über einen Kapitänleutnant, Hauptmann oder Subalternoffizier anzuordnen, steht zu:

In Berlin dem ältesten Flaggoffizier, welcher sich nicht in einer Immediatstelle befindet,
den Geschwaderchefs,
den Befehlshabern eines Verbandes von Aufklärungsschiffen,
den Chefs allein fahrender Divisionen von Schiffen,
dem Kommandanten eines Schiffes, das außerhalb der heimischen Gewässer allein fährt, wenn derselbe nach dem Besatzungsetat Kapitän zur See sein kann und nach Maßgabe des § 7 ein Ehrengericht zu bilden vermag,
dem nach dem Stationschef ältesten Flaggoffizier innerhalb des Stationsbereichs mit Ausnahme der Oberwerftdirektoren,
dem Direktor der Marineakademie,
dem Gouverneur des Kiautschougebiets und
im Kriege allen Befehlshabern, welche Gerichtsherren der höheren Gerichtsbarkeit sind.

Die Berechtigung, das ehrengerichtliche Verfahren über einen Stabsoffizier anzuordnen, steht zu:

In Berlin dem Chef des Admiralstabes der Marine,
den Flottenchefs und
den Stationschefs,
im Kriege auch demjenigen unmittelbaren Vorgesetzten des bezichtigten Stabsoffiziers, welcher während des Kriegszustandes mit den gerichtsherrlichen Befugnissen eines kommandierenden Admirals betraut ist.

Vor Anordnung eines ehrengerichtlichen Verfahrens über einen Kapitän

---

wortlichkeit in der Lage sein soll, den Wünschen des Antragstellers auf Schutz seiner Ehre auch unter Anwendung anderer Mittel derart zu entsprechen, daß es eines ehrengerichtlichen Verfahrens nicht bedarf. Die Vorschrift des § 30 muß darauf führen, daß nur dann ein Rekurs zugelassen sein soll, wenn der Kommandeur mit dem Antragsteller die Ansicht vertritt, daß ein ehrengerichtliches Verfahren zum Schutze der Ehre notwendig sei, und der Befehlshaber sich dazu in Widerspruch stellt.

§ 28. Zuständigkeit für die Anordnung des ehrengerichtlichen Verfahrens. Vgl. Anm. zu § 27. Wenn die Beteiligten Ehrengerichten verschiedener Armeekorps oder Ehrengerichten des Heeres und der Marine unterstehen, s. § 32 Abs. 2.

zur See oder Oberst, sowie über den Kommandanten eines außerhalb der heimischen Gewässer allein fahrenden Schiffes, insofern derselbe Stabsoffizier ist, bedarf es jedesmal der Einholung Meiner Entscheidung.

Durch AKO. v. 30/10 03 (MVBl. S. 421) ist weiterhin im Hinblick auf die gebildete aktive Schlachtflotte bestimmt:

Die Berechtigung zur Anordnung eines ehrengerichtlichen Verfahrens über einen Stabsoffizier erhält der Flottenchef, über einen Kapitänleutnant oder Subalternoffizier eines Geschwaders der Geschwaderchef, über einen Kapitänleutnant oder Subalternoffizier der Aufklärungsschiffe der Chef des I. Geschwaders.

§ 29. Auf den Bericht des Kommandeurs (§ 27) entscheidet der Befehlshaber, welcher berechtigt ist, das ehrengerichtliche Verfahren anzuordnen, ob ein solches stattfinden soll. Derselbe setzt, falls der Offizier, über welchen das Verfahren eingeleitet werden soll, nicht zu seinem Befehlsbereich gehört, dessen direkte Vorgesetzte hiervon sofort in Kenntnis.

Zugleich hat derselbe darüber Bestimmung zu treffen, ob der Bezichtigte vom Dienst zu suspendieren ist oder ob es bei der von dem Kommandeur etwa bereits verhängten Suspension vom Dienst das Bewenden behalten soll. Gehört der Bezichtigte nicht zu seinem Dienstbereich, so hat er die Suspension desselben vom Dienst, wenn er dieselbe für erforderlich erachtet, bei dessen zuständigen Vorgesetzten zu beantragen.

Die nach Vorstehendem von dem Befehlshaber (§ 28) zu treffenden Entscheidungen erfolgen schriftlich. Es ist darin, wenn das ehrengerichtliche Verfahren angeordnet wird, so bestimmt als möglich auszusprechen, wegen welchen Verstoßes gegen die Standespflichten die ehrengerichtliche Untersuchung stattfinden soll, — ohne daß dabei dem ehrengerichtlichen Spruch durch Bezeichnung des Grades der Strafbarkeit vorgegriffen wird —.

Abs. 1. Ehrengerichte über Hauptleute usw. s. §§ 8 ff.; Ehrenrat: §§ 15 ff. Über die Unterstellung eines Hauptmanns usw., der nicht einem Offizierkorps im Sinne des § 6 angehört, s. § 10 Abs. 2. Vgl. dazu § 19 nebst Anm.; § 29 Abs. 1 Satz 2. Mit der Gerichtsbarkeit über Offiziere betraut, sind nach der MStGO. nur die höheren Gerichtsherren. S. § 20 MStGO. Vgl. dazu §§ 14, 20—22, 26, 31 MStGO. und die den Dienststellen zugegangene Zusammenstellung der die Militärstrafgerichtsbarkeit ausübenden Befehlshaber, ferner § 37 MStGO.

Welche Entscheidungen der Befehlshaber des § 28 zu treffen hat, sagt § 29.

Für die Zeit während des Kriegszustandes vgl. § 10 Abs. 4, ferner § 20. Wenn Offiziere niederen Grades mit Stabsoffizieren in eine Ehrenangelegenheit verwickelt sind, vgl. § 13 Abs. 7. Die Sache wird dann auch gegen den Offizier niederen Grades vom Ehrenrat eines Ehrengerichts über Stabsoffiziere (§ 21) untersucht, nachdem der General (§ 13 Abs. 2) die Anordnung des ehrengerichtlichen Verfahrens durch den kommandierenden General veranlaßt hat.

Abs. 2. Vgl. Anm. zu Abs. 1. Ehrengericht über einen Stabsoffizier: § 13; Ehrenrat: § 21. Kriegszustand: vgl. Anm. zu § 10 Abs. 4. Wenn ein Regimentskommandeur oder im Range eines solchen stehender Stabsoffizier in Frage kommt, s. Abs. 3.

Abs. 3. Vgl. § 7 Abs. 2. Die Allerhöchste Stelle befindet also zunächst darüber, ob das Verfahren anzuordnen ist oder nicht.

§ 29. Tätigkeit des Befehlshabers. Bezüglich eines Offiziers, der nicht zu dem Befehlsbereich des Befehlshabers gehört, vgl. §§ 10 Abs. 2, 19, 25. Vgl. auch Anm. zu § 28.

Abs. 1. Entscheidung über die Anordnung des ehrengerichtlichen Verfahrens. Wenn es sich um ein Verfahren gegen einen Regimentskommandeur oder im Range eines solchen stehenden Stabsoffizier handelt, s. § 28 Abs. 3. — Der Befehlshaber (§ 28)

§ 30. Ein Rekurs gegen die Entscheidung des im § 28 bezeichneten Befehlshabers ist nur dann zulässig, wenn durch dieselbe der Antrag eines Offiziers auf ein ehrengerichtliches Verfahren gegen sich selbst abgelehnt wird.

In diesem Falle ist Meine Entscheidung auf dem Instanzenwege einzuholen.

---

kann sich dem Bericht des Kommandeurs anschließen und die nachgesuchte Anordnung des ehrengerichtlichen Verfahrens verfügen, er kann aber auch ablehnend entscheiden. Bei der Entscheidung über die Anordnung ist gleichzeitig die Suspension (Abs. 2) in Erwägung zu ziehen. Über die Form und den Inhalt der Entscheidung vgl. Abs. 3.

Da die ablehnende Entscheidung nur angefochten werden kann, wenn durch sie der Antrag eines Offiziers auf ein ehrengerichtliches Verfahren gegen sich selbst abgelehnt wird (§ 30), so wird sie in diesem Falle einer ausführlichen Begründung bedürfen, damit die Allerhöchste Stelle die ablehnende Haltung ausreichend würdigen kann und für Ihre Entscheidung die erforderliche Grundlage hat.

Der Chef des reitenden Feldjägerkorps ordnet die Einleitung des ehrengerichtlichen Verfahrens über die Offiziere des reitenden Feldjägerkorps an, beantragt danach bei dem Generalkommando des Gardekorps unter Zusendung der Vorverhandlungen des Ehrenrats die Überweisung der Sache an das Ehrengericht eines Offizierkorps des Gardekorps zur Führung der förmlichen ehrengerichtlichen Untersuchung und Fällung des Spruches. Die Einreichung des Spruches zur Allerhöchsten Entscheidung erfolgt durch den Chef des reitenden Feldjägerkorps unter Beifügung seiner Äußerung und derjenigen des Kommandeurs dieses Korps unter Beachtung des § 59 dieser VO. AKO. v. 21/4 77. Vgl. Anm. zu § 19.

Wird das ehrengerichtliche Verfahren gegen einen Reserveoffizier eines einem anderen Armeekorps unterstellten Regiments eingeleitet, so ist derjenigen Division, welcher das betreffende Regiment unterstellt ist, oder, falls es sich um eine Spezialwaffe handelt, dem zuständigen Generalkommando unter kurzer Darlegung des Sachverhaltes Kenntnis zu geben. Solms Anm. 3 zu § 29.

Abs. 2. Suspension vom Dienste. Über einstweilige Enthebung vom Dienste im strafgerichtlichen Verfahren s. § 174 MStGO.; über die Gehaltsabzüge während der Dienstenthebung vgl. Fr. Bes. V. §§ 8 u. 29. Nach AKO. v. 14/4 22 (Mil.Ges.Sammlung Bd. I S. 189) kann ein jeder Disziplinarvorgesetzte, der berechtigt ist, einen Offizier mit Arrest zu bestrafen, diesen vom Dienst suspendieren. Deshalb ist auch der Kommandeur zur Suspension als befugt anzusehen.

Dem Antrage des Befehlshabers auf Suspension hat der zuständige Vorgesetzte unter allen Umständen zu entsprechen. Würde er sich dennoch weigern, so hätte der ihm übergeordnete Vorgesetzte ev. die Allerhöchste Stelle zu entscheiden.

Abs. 3. Vgl. Anm. zu Abs. 1 u. 2. Jede der Entscheidungen ist — vom Befehlshaber vollzogen — zu den Akten zu bringen.

Die Verfügung über die Einleitung einer ehrengerichtlichen Untersuchung darf nur den tatsächlichen Gegenstand der Untersuchung enthalten. Eine weitergehende Qualifizierung der dadurch begangenen Verschuldung ihrer Schwere nach und die Bezeichnung der sich aus ihr ergebenden Gefährdung oder Verletzung der Standesehre würde eine gewisse Beeinflussung des Ehrengerichts zur Folge haben, wodurch das Urteil des letzteren über das Maß der in dem Tatbestande sich darstellenden Verschuldung vorweg bestimmt wird. AKO. v. 27/1 76.

Für den Umfang der tatsächlichen Verhältnisse, die zum Gegenstande der ehrengerichtlichen Untersuchung zu machen sind, ist ausschließlich die Verfügung des das ehrengerichtliche Verfahren anordnenden Befehlshabers maßgebend. Eine Ausdehnung des Verfahrens ist nur auf dem im § 40 vorgeschriebenen Wege zulässig. Dagegen ist es nicht ausgeschlossen, daß in dem Tenor des Erkenntnisses, je nach dem Ergebnisse der Untersuchung, vom Wortlaute jener Verfügung abgewichen wird. Kab.Schr. v. 2/10 99. — „Verstoß gegen die Standespflichten" s. §§ 1, 2 nebst Anm.

§ 30. Rekurs gegen die Entscheidung des im § 28 bezeichneten Befehlshabers. Aus § 30 folgt, daß alle anderen Entscheidungen des Befehlshabers (§ 28) — abgesehen von derjenigen, durch welche der Antrag eines Offiziers auf ein ehrengerichtliches Verfahren gegen sich selbst (vgl. §§ 2b, 26) abgelehnt wird, unanfechtbar sind, daß ihnen gegenüber eine höhere Instanz nicht gegeben ist. Vgl. übrigens Anm. zu § 27 Abs. 2.

§ 31. Das ehrengerichtliche Verfahren findet in der Regel bei demjenigen Ehrengericht statt, dem der Angeschuldigte unterworfen ist (§§ 10, 13 — §§ 10 und 11 —).

Beantragt derselbe jedoch aus erheblichen Gründen die Überweisung der Angelegenheit an ein anderes Ehrengericht, oder erscheint dem das ehrengerichtliche Verfahren anordnenden Befehlshaber — Vorgesetzten —, weil zahlreiche Mitglieder des Ehrengerichts zu nahe von dessen Gegenstand berührt sind, um unbefangen urteilen zu können, oder aus anderen erheblichen Gründen eine Abweichung von der Regel geboten, so kann der gedachte Befehlshaber die Sache an ein anderes Ehrengericht seines Befehlsbereichs verweisen —, oder, wo derselbe nur über ein Ehrengericht verfügt, die Angelegenheit bei Mir zur Bestimmung eines anderen Ehrengerichts zur Vorlage bringen —.

Die Entscheidungen bedürfen in jedem Falle einer eingehenden Begründung. Der Kommandeur muß in der Lage sein, zu erkennen, weshalb in den Augen des Befehlshabers das von ihm — dem Kommandeur — nachgesuchte ehrengerichtliche Verfahren nicht am Platze erscheint. Einer besonders ausführlichen Begründung bedarf natürlich die Entscheidung, gegen die der Rekurs zugelassen ist. Vgl. Anm. zu § 29 Abs. 1.

Der Rekurs besteht darin, daß die Allerhöchste Entscheidung auf dem Instanzenwege eingeholt wird (Abs. 2). Dieser Weg beginnt bei dem nächsten Vorgesetzten des Kommandeurs (anders Solms Anm. 2 zu § 30) und wird von diesem aus sich selbst heraus oder auf Anregung des betreffenden Offiziers beschritten. Es steht auch nichts entgegen, daß der Offizier selbst den Rekurs erhebt und dem Kommandeur überreicht, der ihn dann auf dem bezeichneten Wege weitergibt.

Abs. 2. Vgl. Anm. zu Abs. 1. Neue Ausführungen sind nicht erforderlich, doch ist auch nicht ausgeschlossen, daß der Kommandeur sich darüber äußert, in welchen Punkten er die ablehnende Haltung des Befehlshabers nicht teilen kann.

§ 31. Das für das Verfahren zuständige Ehrengericht. Vgl. Anm. zu §§ 10, 13. Wenn ein Stabsoffizier und ein Offizier eines niederen Grades an derselben Ehrenangelegenheit beteiligt sind, s. § 13 Abs. 7. Vgl. ferner § 49.

Abs. 1 enthält die Regel, Abs. 2 die Ausnahme davon. Eine weitere Ausnahme ist dem § 32 zu entnehmen.

Abs. 2. Es kann die Verweisung der Sache an ein anderes Ehrengericht als das nach Abs. 1 zuständige erfolgen

1. auf Antrag des Angeschuldigten,
2. aus der eigenen Erwägung des Befehlshabers heraus.

Vgl. aber auch § 47 Abs. 2 u. 3, wonach beim Mangel an Mitgliedern die Untersuchung durch den Befehlshaber einem anderen Ehrengericht seines Dienstbereichs zum Spruch überwiesen werden kann.

Der Antrag auf Überweisung ist an den Befehlshaber zu richten, hat aber durch die Hände des Kommandeurs (§ 12) zu gehen. Er muß begründet werden und zwar muß er sich auf erhebliche Gründe stützen. Was erhebliche Gründe sind, kann z. B. dem weiteren Inhalt des Abs. 2, aber auch dem § 46 entnommen werden. Nach § 46 ist der Angeschuldigte in der Lage, nur einzelne Mitglieder des in Frage kommenden Ehrengerichts abzulehnen. Vgl. Anm. zu § 41 Abs. 1.

Sind die Mitglieder des Ehrengerichts zu nahe von dem Gegenstande des Verfahrens berührt, so kann ihre Unbefangenheit im Zweifel stehen. Auch persönliche Abneigung, die unabhängig von der schwebenden Ehrensache gegen den Angeschuldigten bei der Mehrheit der Mitglieder vorhanden ist, könnte ausreichenden Anlaß geben. Wegen Besorgnis der Befangenheit vgl. auch § 124 MStGO.

Über den Antrag entscheidet jedenfalls nach freiem Ermessen der Befehlshaber (§ 28) und gegen seine Entscheidung gibt es keine Anfechtung. Er wird aber dem Antrage stattzugeben haben, wenn dieselben Gründe ihn aus eigener Entschließung heraus zu einer Verweisung veranlaßt haben würden. Wäre die Ablehnung des Antrages zu Unrecht erfolgt, so würde dies

§ 32. Wenn gegen Offiziere, welche nicht einem und demselben Ehrengericht unterworfen sind, wegen einer gemeinsamen Handlung oder Unterlassung ein ehrengerichtliches Verfahren anzuordnen ist, so wird von ihrem nächsten gemeinschaftlichen Vorgesetzten, dem die Anordnung eines ehrengerichtlichen Verfahrens zusteht (§ 28), das Ehrengericht eines dritten Offizierkorps zur Abhaltung des Ehrengerichts über sämtliche Angeschuldigte bestimmt.

Unterstehen die Beteiligten Ehrengerichten verschiedener Armeekorps oder Ehrengerichten des Heeres und der Marine — der Marine und Armee —, so haben die betreffenden kommandierenden Generale, bzw. der kommandierende General und der Chef der Admiralität — der Befehlshaber, dem die Anordnung des ehrengerichtlichen Verfahrens in der Marine zusteht, und der betreffende kommandierende General — darüber sich zu verständigen, ob ein ehrengerichtliches Verfahren stattfinden und welchem Ehrengericht dasselbe übertragen werden soll.

Findet hierüber keine Einigung statt, so ist durch den Ältesten derselben Meine Entscheidung einzuholen.

Anlaß für die Allerhöchste Stelle sein können, eine Entscheidung dahin zu treffen, daß ein anderes Ehrengericht sich noch einmal mit der Angelegenheit zu befassen habe. Vgl. auch § 59 Abs. 3 nebst Anm.

In der Anordnung, welche die Verweisung ausspricht, sind die Gründe hervorzuheben. Der Angeschuldigte ist von der Verweisung in Kenntnis zu setzen, auch wenn er sie selbst beantragt hat. § 49.

Tritt der Fall ein, daß ein anderes Ehrengericht seines Befehlsbereiches dem Befehlshaber nicht zur Verfügung steht, so müßte mangels einer einschlägigen Bestimmung die Allerhöchste Entscheidung eingeholt werden.

§ 32. Bestimmung eines gemeinsamen Ehrengerichts. Vgl. § 31 nebst Anm.; ferner § 34 MStGO. Wenn Stabsoffiziere und Offiziere eines niederen Grades an derselben Ehrenangelegenheit beteiligt sind, s. § 13 Abs. 7. Nach Anordnung des ehrengerichtlichen Verfahrens kann auf die Zusammensetzung des Ehrengerichts nur noch durch die Maßnahmen des § 46 eingewirkt werden.

Abs. 1. Handlungen und Unterlassungen: § 2a nebst Anm. Der nächste gemeinschaftliche Vorgesetzte zweier zu demselben Korpsbezirke gehörenden Divisionskommandeure ist der kommandierende General. Unterstehen die Beteiligten verschiedenen Regimentern, die zu dem Befehlsbereiche einer Division gehören, so ist der Kommandeur dieser Division für die Bestimmung zuständig.

Das dritte Offizierkorps ist immer dasjenige, dessen Ehrengericht keiner der Beteiligten unterworfen ist. Würde von jedem — z. B. einem Divisionskommandeur unterstellten — Offizierkorps ein Offizier als beteiligt an der Ehrenangelegenheit, als Angeschuldigter in Frage kommen, so stände ein drittes — völlig unbeteiligtes — Offizierkorps nicht zur Verfügung und mangels einer besonderen Bestimmung müßte die Allerhöchste Entscheidung eingeholt werden.

Unter „Abhaltung des Ehrengerichts" ist nicht, wie Solms (Anm. 3 zu § 32) meint, nur die Fällung des ehrengerichtlichen Spruches, sondern auch das ganze ehrengerichtliche Verfahren (§§ 34—59) zu verstehen. Die Stellung des § 32, auch die Wortfassung „wenn ein ehrengerichtliches Verfahren anzuordnen ist" d. h. wenn der Zeitpunkt des § 28 gekommen ist, erweist, daß das Ehrengericht des dritten Offizierkorps nicht bloß dazu berufen ist, den Spruch zu fällen. Der leitende Gedanke geht immer dahin, das Verfahren zu vereinfachen und in einer Hand zu vereinigen. Dem würde aber die mehrfache Untersuchungsführung in derselben Angelegenheit widersprechen. Auch wäre nicht abzusehen, weshalb in den Fällen des Abs. 2 die Sache anders gehandhabt werden sollte, wie in denen des Abs. 1.

Wenn Stabsoffiziere in Frage kommen, die nicht einem und demselben Ehrengericht unterworfen sind, hat die Bestimmung der kommandierende General zu treffen.

§ 33. Ist das ehrengerichtliche Verfahren angeordnet, so darf es vor Beendigung durch einen ehrengerichtlichen Spruch nicht wieder eingestellt werden. Auch wird die Zuständigkeit des mit dem Verfahren beauftragten Ehrengerichts durch Versetzung oder Verabschiedung des Angeschuldigten nicht aufgehoben.

§ 34. Der Kommandeur ist für die Leitung des Verfahrens verantwortlich. Von ihm erhält der Ehrenrat, dem die Führung der Untersuchung obliegt, die nötigen Direktiven.

Die Untersuchung wird schriftlich geführt. Dieselbe muß sich, unter sorgfältiger Vermeidung jeder Weiterung, auf die Klarstellung der wesentlichen Tatsachen beschränken.

Abs. 2. Vgl. Anm. zu Abs. 1. An Stelle des Chefs der Admiralität tritt der betreffende zuständige Marinebefehlshaber, der das ehrengerichtliche Verfahren anzuordnen berechtigt ist. Die Änderung ist durch die Marine-VO. (§§ 7, 12, 28 und 32) bedingt. AKO. v. 20/3 99 (MVBl. S. 79).

Derjenige kommandierende General usw., welcher zuerst von der betr. gemeinsamen Handlung oder Unterlassung Kenntnis erhält, wird hierbei den ersten Schritt zu tun und zur Anbahnung der Verständigung seine Ansicht zur Sache zu äußern, auch entsprechende Vorschläge zu machen haben. Vgl. Solms Anm. 4 zu § 32.

Der Abs. 2 trifft auch zu, wenn Stabsoffiziere und Offiziere niederen Grades an derselben Ehrenangelegenheit beteiligt sind (§ 13 Abs. 7) und verschiedenen Armeekorps oder dem Heere und der Marine angehören.

Von der Übertragung ist den Beteiligten Nachricht zu geben. § 49. Jedes Generalkommando usw. benachrichtigt den ihm unterstellten Beteiligten.

Abs. 3 bezieht sich nur auf Abs. 2. Vgl. §§ 7 Abs. 2, 28 Abs. 3.]

§ 33. Rechtshängigkeit des ehrengerichtlichen Verfahrens. Anordnung des ehrengerichtlichen Verfahrens: §§ 28, 29, 32 nebst Anm. Über die Beendigung durch einen ehrengerichtlichen Spruch s. §§ 51 ff.

Nach Anordnung des ehrengerichtlichen Verfahrens kommt also eine Einstellung überhaupt nicht mehr in Frage, das Verfahren der §§ 34—51 muß seinen Gang nehmen.

An sich ist für die Zuständigkeit des mit dem Verfahren beauftragten Ehrengerichts die Versetzung oder Verabschiedung des Angeschuldigten belanglos. Im § 33 kommt nur eine Verabschiedung im Sinne des § 4 Z. 5 in Frage. Über die Grenzen der im § 4 festgelegten Zuständigkeit hinaus reicht die Tätigkeit der Ehrengerichte nicht. — Bei Verabschiedungen, die das Ausscheiden aus den ehrengerichtlichen Verhältnissen zur Folge haben, z. B. Dienstentlassung (vgl. Anm. zu § 3 Abs. 3), ist ein etwa eingeleitetes ehrengerichtliches Verfahren einzustellen. Kab.Schr. v. 2/10 99; Marine: Kab.Schr. v. 31/8 01.

Tritt Versetzung oder Verabschiedung, die das Ausscheiden aus den ehrengerichtlichen Verhältnissen nicht zur Folge hat, vor Anordnung des ehrengerichtlichen Verfahrens ein, so wird die Sache an den nunmehr zuständigen Kommandeur (§ 12) abgegeben.

§ 34. Verantwortlichkeit des Kommandeurs und Art der Untersuchungsführung. Vernehmungen des Angeschuldigten und der Zeugen: §§ 35, 36; Einsichtnahme in die ehrengerichtlichen Akten: § 37; Zugrundelegung der strafgerichtlichen Akten: § 38; Entscheidung von Zweifeln durch den Kommandeur und Ermächtigung an den Ehrenrat, die Akten zu schließen: § 39; Ausdehnung der Untersuchung auf neu hervorgetretene Handlungen und Unterlassungen: § 40; Befugnisse des Angeschuldigten bei Schluß der Untersuchung: § 41.

Abs. 1. Über die Verantwortlichkeit des Kommandeurs vgl. auch Anm. zu § 12; ferner zu § 27 Abs. 2. Unter Leitung des Kommandeurs hat der Ehrenrat als sein Organ die ihm — dem Ehrenrat — obliegenden Geschäfte (die Untersuchung) zu führen. § 14. Die Direktiven hat der Ehrenrat zu berücksichtigen. Im übrigen muß ihm aber natürlich im Rahmen der Untersuchung ein gewisses Maß von Selbständigkeit eingeräumt werden. Wegen des Kommandeurs s. auch § 13 Abs. 2 u. § 19.

Abs. 2. Über die Vernehmungen durch den Ehrenrat vgl. § 36. Die Untersuchung wird geheim geführt. Der Anwesenheit des Kommandeurs bei den Untersuchungshandlungen steht

§ 35. Der Kommandeur veranlaßt die Vorladung des Angeschuldigten und der Zeugen. Sind sie am Orte anwesend, so geschieht ihre Vernehmung durch denjenigen Ehrenrat, der die Untersuchung führt, anderenfalls durch einen dazu requirierten, ihrem Aufenthaltsorte nahen Ehrenrat, oder durch ein Militär- oder Zivilgericht.

Ehrenräte, durch welche Vernehmungen zu bewirken sind, werden durch eine Requisition des Kommandeurs an ihren Vorgesetzten, Militärgerichte durch eine Requisition an den Gerichtsherrn dazu veranlaßt. Zivilgerichte werden zu demselben Zweck durch ein Militärgericht requiriert.

nichts entgegen. Vgl. dagegen § 167 Abs. 1 MStGO. Die ehrengerichtlichen Akten müssen für sich allein die vollständige Aufklärung des gesamten Sachverhalts geben. Nötigenfalls sind aus anderen Akten Abschriften zu nehmen, oder es ist sonst das Erforderliche zu den ehrengerichtlichen Akten zu vermerken. Auch muß ersichtlich sein, auf welchem Wege der Anlaß der ehrengerichtlichen Untersuchung zur Sprache gekommen ist. Vgl. §§ 22, 23, 26 nebst Anm. Über Anlegung und Behandlung der Akten vgl. insbesondere auch Beilage X. Die Einforderung von Berichten des Angeschuldigten ist im Vorverfahren nach Möglichkeit, im förmlichen Verfahren überhaupt zu vermeiden. Die Untersuchungsführung ist auf die unbedingt notwendigen Ermittelungen und Vernehmungen zu beschränken. Dies gilt im erhöhten Maße, wo der intime Charakter der Vorgänge ohnehin schon besondere Zurückhaltung fordert. Kab. Schr. v. 2/10 99; Kompendium Anm. zu § 34; Marine: Kab. Schr. v. 31/8 01; vgl. auch die Allerhöchste Einleitung zur VO. Vgl. ferner §§ 159, 168 MStGO.

Die infolge der VO. stattfindenden Untersuchungen sind kosten- und stempelfrei zu bearbeiten und die etwa entstehenden baren Auslagen vom Militärfiskus zu übernehmen. KM. v. 29/7 74. 509. 7. 74 M.-O.-D. 3.

§ 35. Vorladungen des Angeschuldigten und der Zeugen. Requisition. Vgl. dazu §§ 171 ff.; 185 ff. MStGO. Über die Vernehmungen durch den Ehrenrat vgl. § 36 nebst Anm.

Abs. 1. Bezüglich des Kommandeurs vgl. §§ 12, 13 Abs. 2, 19, 34 Abs. 1. Nicht der Ehrenrat, sondern der Kommandeur, dem der Ehrenrat die zu vernehmenden Personen benennt und einen Termin in Vorschlag bringt, veranlaßt die Ladung. Vgl. Beilage II. Um den Nachweis der erfolgten Zeugenladung bei den Akten zu haben, auch zur Feststellung, — wie Solms meint —, ob eventuell böswilliges Ausbleiben oder ein triftiger Hinderungsgrund vorliegt, ist es zweckmäßig, jeder für einen Zivilzeugen bestimmten Ladung (vgl. § 185 MStGO.) das Formular einer Empfangsbescheinigung (Zustellungsurkunde) beizufügen, das der Geladene oder einer seiner Hausgenossen zu vollziehen hat. Dem Formular könnte folgender Inhalt gegeben werden:

Eine Vorladung des Ehrengerichts beim Infanterieregiment Nr. 128 zum 15. Mai 1905 nachmittags 4 Uhr erhalten zu haben, bescheinige ich hiermit.

Danzig, den . . . Mai 1905.

Die Zustellung würde dann am besten durch einen Boten (Ordonnanz) zu bewirken sein, der für den Fall, daß die Annahme der Ladung bzw. die Vollziehung der Empfangsbescheinigung verweigert wird, zu einer entsprechenden Meldung in der Lage wäre. Anderenfalls könnte es auch genügen, die Ladung mittels eingeschriebenen Briefes unter Beifügung des obigen Formulars und eines zur Benutzung als Militärbriefes geeigneten Briefumschlages mit der Bitte um Rücksendung der vollzogenen Empfangsbescheinigung dem Zeugen zu übermitteln. Würde der Zeuge der Bitte nicht entsprechen, so gebe die Postquittung über die Einschreibesendung einen Ausweis für die Ladung.

Der Angeschuldigte wird durch dienstlichen Befehl, der mündlich oder schriftlich erteilt werden kann, geladen (Gestellung s. § 171 MStGO.). Wenn der Kommandeur auch sein militärischer Vorgesetzter ist, erfolgt die Ladung durch direkten Befehl, wenn der Angeschuldigte einen anderen militärischen Vorgesetzten hat (vgl. §§ 10 Abs. 2, 31 Abs. 2, 32), durch den auf Veranlassung des in Frage kommenden Kommandeurs erteilten Befehl seines Vorgesetzten (Regiments-, Bataillonskommandeurs; vgl. auch § 19). Eine Nichtbefolgung des Befehls würde nach § 92 MStGB. strafbar sein. Vgl. über einen leichteren Fall dieses Ungehorsams § 3

§ 36. Die Vernehmungen durch den Ehrenrat geschehen protokollarisch. Zur Gültigkeit derselben ist die Anwesenheit sämtlicher Mitglieder des Ehrenrats oder deren Stellvertreter erforderlich.

Der Angeschuldigte wird vor seiner Vernehmung von dem ihm zur Last Gelegten in Kenntnis gesetzt. Zeugen, welche — als — Deutsche Offiziere oder Sanitätsoffiziere — den Ehrengerichten unterworfen — sind, werden nicht vereidigt, sondern versichern die Richtigkeit ihrer Aussage — nach Abgabe derselben — auf Ehre und Pflicht. Ist die Vereidigung anderer Zeugen notwendig, so geschieht dieselbe stets durch ein dazu zu requirierendes Militär- oder Zivilgericht.

Abs. 2 Z. 1 des EG. z. MStGB. — Was die unter Vorbehalt der Dienstverpflichtung aus dem aktiven Dienste entlassenen Offiziere (§ 4 Z. 2) und die unter Verleihung der Befugnis, Militäruniform zu tragen, verabschiedeten Offiziere anlangt, so sind sie zwar den Ehrengerichten unterstellt, aber nicht der Militärstrafgerichtsbarkeit (vgl. §§ 1, 6 MStGO.). Auch eine disziplinare Ahndung ist gegen sie ausgeschlossen, so daß die an sie zu richtende Ladung zweckmäßig nicht in Befehlsform zu kleiden, vielmehr ebenso zu bewirken wäre wie eine Zeugenladung (s. oben). Erscheinen sie in den Terminen trotz zugegangener Ladung nicht, so steht dem Ehrengericht nur der Weg der Requisition zur Verfügung. Vgl. aber auch Anm. zu § 59 Abs. 1. — Bezüglich der Personen des Beurlaubtenstandes vgl. § 113 MStGB.

Zeugen, die aktive Militärpersonen sind, werden gleichfalls durch dienstliche Anordnung geladen. Vgl. § 185 Abs. 1 MStGO. Eine Nichtbefolgung der Ladung fällt dann gleichfalls unter den Begriff eines Ungehorsams nach § 92 MStGB. (vgl. § 3 Abs. 2 Z. 1 des EG. z. MStGB.). Hat die Vorladung einer anderen Person als Zeugen vor den Ehrenrat keinen Erfolg, so bleibt nichts übrig, als das örtlich in Frage kommende Militärgericht (Gericht der höheren oder niederen Gerichtsbarkeit) oder das zuständige Zivilgericht (Amtsgericht, in dessen Bezirk der fragliche Zeuge wohnt) um Vernehmung zu ersuchen. Vgl. jedoch auch Abs. 2 nebst Anm. Diese Gerichte sind in der Lage, Ladungen zuzustellen, deren Nichtbefolgung gesetzliche Folgen nach sich ziehen kann. Vgl. §§ 185 Abs. 2, 186 MStGO.

Die Vernehmungen sollen in erster Reihe immer durch einen Ehrenrat bewirkt werden. Wenn also die Entfernung des Aufenthaltes der zu vernehmenden Person ihrer Ladung vor den die Untersuchung führenden Ehrenrat entgegensteht, so ist zunächst der dem fraglichen Aufenthaltsorte nahe Ehrenrat, in zweiter Reihe das in Frage kommende Militärgericht (Gericht der niederen oder höheren Gerichtsbarkeit) und erst in letzter Instanz das zuständige Zivilgericht (vgl. jedoch Abs. 2) — Amtsgericht, in dessen Bezirk die zu vernehmende Person wohnt, — zu ersuchen. Dabei ist zu berücksichtigen, daß den zu requirierenden Behörden nur dasjenige mitgeteilt werden darf, was zur Erledigung der Requisition erforderlich ist. § 37 Abs. 2. Die Akten dürfen also keinesfalls mitgesandt werden. Vgl. auch Abs. 2.

Wegen der dem Angeschuldigten und den Zeugen zu gewährenden Reisegebührnisse vgl. Reiseordnung für die Personen des Soldatenstandes §§ 56, 58 Z. 7, 60 und Gebührenordnung für Zeugen und Sachverständige. In dem Forderungsnachweise hat die Namhaftmachung des Angeschuldigten zu unterbleiben. § 67 Z. 6 der Reiseordnung.

Abs. 2. Vgl. Anm. zu Abs. 1 u. § 37 Abs. 2. Über den Vorgesetzten der Ehrenräte vgl. §§ 12, 13 Abs. 2, 19. Als Militärgerichte kommen sowohl die der niederen als auch die der höheren Gerichtsbarkeit in Betracht. Vgl. §§ 19, 20 ff., 13 MStGO. Die Requisition der Zivilgerichte durch Vermittelung der Militärgerichte ist erforderlich, weil die Zivilgerichte gesetzlich nur verpflichtet sind, den zur Ausübung der Militärstrafgerichtsbarkeit berufenen Stellen Rechtshilfe zu leisten. § 12 EG. z. MStGO. Das unmittelbare Ersuchen des Kommandeurs um Vernehmung könnte also vom Zivilgericht ohne weiteres abgelehnt werden und hiergegen wäre keine Beschwerde zugelassen. — Bei Requisitionen an Gerichte um Vernehmung von Zeugen ist in der Requisition genau anzugeben, über welche Punkte die Vernehmung erfolgen soll, sowie ob die Zeugen nur informatorisch oder eidlich zu vernehmen sind. Beilage III am Schluß.

§ 36. Vernehmungen durch den Ehrenrat. Vgl. §§ 34, 35 nebst Anm. sowie die in den Anlagen beigefügten Muster.

Abs. 1. Das Protokoll wird im wesentlichen mit dem im strafgerichtlichen Verfahren übereinzustimmen haben. Vgl. §§ 163, 164 MStGO. Es wird geführt von einem Mitgliede des Ehrenrates, während der Präses oder sein Stellvertreter die Abhörung des Angeschuldigten bzw. des Zeugen vornimmt. Sämtliche Mitglieder des Ehrenrates bzw. der Stellvertreter (§§ 15, 21) haben bei der Vernehmung ununterbrochen gegenwärtig zu sein (vgl. § 273 MStGO.) und alle Anwesenden haben das Protokoll zu unterschreiben. Die Angaben von Angeschuldigten und Zeugen sind in direkter Rede zu protokollieren.

Bei einer jeden Untersuchungshandlung ist nicht nur darauf Bedacht zu nehmen, daß der den Angeschuldigten belastende Stoff, sondern auch, daß alles das zu den Akten zu bringen ist, was zu seiner Entlastung beiträgt oder geeignet ist, die ihm zur Last fallende Handlung oder Unterlassung in einem günstigeren Lichte erscheinen zu lassen. Vgl. Solms Anm 2 zu § 34.

Abs. 2. Wegen der Vernehmung des Angeschuldigten vgl. § 173 MStGO. Bestimmungen über diese Vernehmung enthält die Beilage I, ein Muster ist in Beilage IV gegeben. Was die Personalien anlangt, so werden sie in der Hauptsache in dem vom Kommandeur nach § 27 einzureichenden Personalberichte enthalten sein, so daß es genügen dürfte, dem Angeschuldigten diesen Personalbericht vorzuhalten und ihn die Richtigkeit des Inhalts bestätigen zu lassen. Vorhalt und Bestätigung muß das Protokoll aber ergeben. Vgl. dazu § 59 Abs. 2.

Selbstverständlich ist darauf Bedacht zu nehmen, die Vernehmung zur Sache möglichst erschöpfend zu gestalten und zu Protokoll zu nehmen, um nochmalige Vorladungen zu vermeiden. Eine Gegenüberstellung zwischen dem Angeschuldigten und den Zeugen ist nicht ausgeschlossen (vgl. § 192 MStGO.).

Das Protokoll über seine Vernehmung ist vom Angeschuldigten zu vollziehen. Verweigert er seine Unterschrift, so hat der Mangel für die Gültigkeit des Protokolls keine weitere Bedeutung.

Über die im Laufe der ehrengerichtlichen Untersuchung neu zur Sprache gekommenen Handlungen oder Unterlassungen ist der Angeschuldigte natürlich neu zu vernehmen. Doch bedarf es zunächst der Ausdehnung der Untersuchung gemäß § 40. Vgl. Anm. dazu.

Entzieht sich der Angeschuldigte seiner Vernehmung und dem Austrage des ehrengerichtlichen Verfahrens durch die Flucht, so ist das Beweismaterial durch Vernehmung der Zeugen möglichst zu sichern und, falls seine gerichtliche Aburteilung wegen Fahnenflucht ausgeschlossen ist und die ermittelten Umstände den Verdacht einer dauernden Entfernung in das Ausland bestätigt haben, im Instanzenwege der Allerhöchste Befehl zur Streichung des Abwesenden in der Liste der Offiziere einzuholen. Ein solches Verfahren findet auch statt, wenn nach Einleitung des förmlichen ehrengerichtlichen Verfahrens und vor ergangenem Spruch die dauernde Abwesenheit des Angeschuldigten ermittelt wird. Solms Anm. 3 zu § 36.

Über die Vernehmung der Zeugen vgl. §§ 193, 194 MStGO. Bestimmungen über Vernehmung von Zeugen durch den Ehrenrat enthält die Beilage III, ein Muster ist in Beilage V gegeben. Es wird auch hier zweckmäßig sein, um möglichst unbeeinflußte Aussagen zu erzielen, die Vernehmung eines jeden Zeugen gesondert vorzunehmen (vgl. § 192 Abs. 1 MStGO.). Zur Aufklärung von Widersprüchen kann Gegenüberstellung erfolgen (vgl. § 192 Abs. 2 MStGO.). — Deutsche Offiziere im Sinne des Abs. 2 sind nur Offiziere, die den Vorschriften der ehrengerichtlichen Verordnungen für das Heer oder die Kaiserliche Marine oder die Schutztruppen unterworfen sind Diejenigen verabschiedeten Offiziere, welchen das Recht zum Tragen der Militäruniform nicht zusteht, werden gegebenenfalls beeidigt. Die Versicherung auf Ehre und Pflicht oder die Vereidigung hat erst nach der Vernehmung stattzufinden. Kab. Schr. v. 2/10 99; Marine· Kab. Schr. v. 31/8 01. Vgl. § 196 MStGO. Unter die deutschen Offiziere sind auch Marine- und Torpedoingenieure mit einbegriffen. S. die Anm. zu Allerhöchster Order v. 20/3 99 hinter der Einleitung. Die fragliche Versicherung hat zu lauten: „Ich versichere die Richtigkeit meiner Aussage auf Ehre und Pflicht". Daß sie abgegeben worden ist, muß das Protokoll ersehen lassen.

Die Worte „oder Sanitätsoffiziere" sind durch AKO. v. 21/8 02 (AVBl. S. 273) hinzugefügt. Vgl. Beilage III.

Als Militärgerichte kommen sowohl diejenigen der niederen als auch die der höheren Gerichtsbarkeit in Frage. — Da die Akten als solche nicht versendet werden dürfen (§ 37 Abs. 2), so ist der Requisition lediglich das Protokoll über die fragliche Aussage beizufügen. — Das Zivilgericht ist auch hier durch Vermittelung des Militärgerichts zu requirieren. Vgl. § 35 Abs. 2 nebst Anm.

Wegen der Zeugengebühren vgl. Anm. zu § 35 Abs. 1.

§ 37. In die Akten des Ehrengerichts darf, so lange die Sache nicht erledigt ist, nur dem Angeschuldigten oder dessen Verteidiger, — und zwar nur im Beisein eines Mitgliedes des Ehrenrats — sowie den vorgesetzten Militärbehörden Einsicht gestattet werden.

Den zu requirierenden Behörden darf nur dasjenige mitgeteilt werden, was zur Erledigung der Requisition erforderlich ist. — Erst nach Beendigung der Sache kann die Mitteilung der Akten an andere Behörden mit — nur in unabweislichen Fällen zu erteilender — Genehmigung des Befehlshabers erfolgen, dem die Anordnung des ehrengerichtlichen Verfahrens zustand.

§ 38. In Fällen, bei denen dem ehrengerichtlichen Verfahren eine gerichtliche Untersuchung vorhergegangen ist, können die Akten der letzteren dem ersteren, soweit sie für dessen Zwecke ausreichen, zugrunde gelegt werden. — Diejenigen Aktenteile, auf welche sich die ehrengerichtliche Untersuchung stützt, sind entweder abschriftlich oder auszugsweise den ehrengerichtlichen Akten anzuschließen —.

§ 39. Bei Verschiedenheit der Ansichten innerhalb des Ehrenrats über das zu beobachtende Verfahren entscheidet der Kommandeur.

Derselbe ermächtigt den Ehrenrat, die Akten zu schließen, sobald er weitere Ermittelungen nicht für erforderlich erachtet.

---

§ **37.** Aktenversendung. Über Anlegung und Behandlung der Akten vgl. Beilage X, über Mitteilung der Akten nach beendigtem ehrengerichtlichen Verfahren s. § 61.

Abs. 1. Die Sache ist erst erledigt durch die Allerhöchste Entscheidung (§ 60). Der Verteidiger kommt erst nach Schluß der Untersuchung in Frage. § 41 Abs. 3. Mitglied des Ehrenrates: §§ 15, 21. Da die nach § 27 aufzustellenden Berichte und Gutachten einen wesentlichen Bestandteil der Akten bilden, darf dem Angeschuldigten oder dessen Verteidiger die Einsicht in sie nicht versagt werden. Ausgeschlossen ist indes die Einsicht in das gemäß § 50 erst nach Schluß der Akten abzufassende (motivierte) Gutachten. Kab. Schr. v. 2/10 99; Marine: Kab. Schr. v. 31/8 01.

Abs. 2. Vgl. §§ 35, 36 nebst Anm. Das Ersuchungsschreiben muß also so ausführlich gefaßt sein, daß die requirierte Behörde die Requisition ausreichend erledigen kann. Beendigung der Sache: §§ 60 ff. Ein unabweislicher Fall könnte es z. B. sein, wenn es für die Zukunft und das Fortkommen des betreffenden Angeschuldigten von wesentlicher Bedeutung wäre, daß die andere Behörde Einsicht von dem Inhalt der Akten nehmen kann.

Über den Befehlshaber, dem die Anordnung des ehrengerichtlichen Verfahrens zusteht, s. § 28.

§ **38.** Verwertung der strafgerichtlichen Untersuchung. Über die voraufgegangene gerichtliche Untersuchung vgl. § 3 Abs. 1 u. 2 nebst Anm.; vgl. auch Anm. zu § 2. Häufig werden die in den strafgerichtlichen Akten enthaltenen protokollierten Zeugenaussagen und sonstigen Beweisstücke auch für das ehrengerichtliche Verfahren ausreichend sein und dem Zwecke dieses Verfahrens genügen, so daß eine nochmalige Erhebung desselben Beweises sich erübrigt. Von den betreffenden Protokollen usw. wird dann aber Abschrift zu nehmen und diese zu den ehrengerichtlichen Akten zu bringen sein, damit der ehrengerichtliche Aktenstoff nicht der Vollständigkeit ermangelt. Außerdem kann, sobald Abschriften gefertigt sind, das fremde Aktenstück, — falls es nicht noch aus anderen Gründen gebraucht wird —, dem betreffenden Gerichte wieder zurückgesandt werden.

§ **39.** **Abs. 1.** Entscheidung des Kommandeurs bei Meinungsverschiedenheiten. Es entspricht der Stellung des Ehrenrates als Organes des Kommandeurs (vgl. §§ 12, 13 Abs. 2, 19) und der in § 34 Abs. 1 dem Kommandeur auferlegten Verantwortlichkeit, daß dieser bei zwiespältigen Ansichten innerhalb des Ehrenrates bezüglich des ehrengerichtlichen Verfahrens die Entscheidung fällt. Zu diesem Behufe wird er am zweckmäßigsten eine Sitzung des Ehrenrates anberaumen, in der er sich die widersprechenden Auffassungen vortragen

§ 40. Kommen im Laufe einer ehrengerichtlichen Untersuchung neue Handlungen oder Unterlassungen des Angeschuldigten zur Sprache, welche nach der Ansicht des Kommandeurs ein ehrengerichtliches Verfahren erfordern, so ist von ihm im Instanzenwege bei dem Befehlshaber, welcher das ehrengerichtliche Verfahren angeordnet hat, die Ausdehnung der Untersuchung auf diese Anschuldigungspunkte zu beantragen und nach dessen Entscheidung weiter zu verfahren.

§ 41. Bei dem Schluß der Untersuchung ist der Angeschuldigte durch den Ehrenrat darauf aufmerksam zu machen, daß und in welcher Weise er sich verteidigen darf.

Es ist ihm gestattet, dem Ehrenrat seine Verteidigung zu Protokoll zu geben

---

läßt. Doch steht nichts entgegen, sich die verschiedenen Meinungen schriftlich mitteilen zu lassen und auf Grund dieser Unterlagen sich zu entscheiden.

Abs. 2. Ermächtigung zur Schließung der Akten. Der Ermächtigung entspricht, daß der Ehrenrat sich an den Kommandeur — am besten in einem Anschreiben unter Vorlegung des Aktenstoffes — um Erteilung der Ermächtigung wendet. Wird diese vom Kommandeur verfügt, so dürfte es der Vollkommenheit der Form entsprechen, wenn der Ehrenrat durch eine Verfügung etwa folgenden Inhaltes:

„Auf Grund der am . . . . erteilten Ermächtigung des Kommandeurs werden die Akten hiermit geschlossen.

Danzig, den . . . .

Der Ehrenrat
Unterschriften"

das ehrengerichtliche Untersuchungsverfahren äußerlich zum Abschluß bringt.

Steht der Kommandeur auf dem Standpunkte, daß die Untersuchung noch nicht erschöpfend genug geführt ist, so ist er natürlich in der Lage, die erbetene Ermächtigung zu versagen und eine Vervollständigung der Untersuchung anzuordnen. Und ebenso entspricht es der auf ihm ruhenden Verantwortlichkeit für die Leitung des Verfahrens, daß er entgegen der Ansicht des Ehrenrates die Untersuchung für beendet erklären und den Schluß der Akten anbefehlen kann. Vgl. auch § 41 (Schluß der Untersuchung). Die hier vorgesehene Schlußvernehmung muß selbstverständlich dem Schluß der Akten vorausgehen.

§ **40.** Neu hervorgetretene Handlungen oder Unterlassungen. Vgl. Anm. zu § 36 Abs. 2; ferner § 169 MStGO. Handlungen und Unterlassungen vgl. § 2a nebst Anm.; § 3 Abs. 1 nebst Anm. Sie kommen zur Sprache d. h sie kommen zunächst gelegentlich der Vernehmungen zur Kenntnis des Ehrenrates, der die Pflicht hat, dem Kommandeur davon Meldung zu machen (§ 23). Es kann jedoch auch sein, daß der Kommandeur bei Einsichtnahme der Akten z. B. aus den Aussagen der Zeugen eine neue Handlung oder Unterlassung entnimmt. „Im Laufe" wird weiterhin nicht bloß dahin zu verstehen sein, daß nur die im Rahmen der Untersuchung zur Sprache gebrachten neuen Verfehlungen mit in die Verfolgung einbezogen werden sollen, sondern auch, daß die während der Untersuchung — aber außerhalb von ihr — zur Kenntnis des Kommandeurs oder des Ehrenrates kommenden neuen Handlungen oder Unterlassungen von dem schwebenden ehrengerichtlichen Verfahren mit erfaßt werden sollen, um möglichst alles gegen dieselbe Person Vorliegende zusammen zu erledigen. — Mehrere Handlungen oder Unterlassungen werden aber nur mit einer Strafe gesühnt. § 54 Abs. 2.

Vor Stellung seines Antrages wird der Kommandeur auch in diesem Falle sich zunächst an den Ehrenrat wenden (vgl. § 23 Satz 2) ev. von ihm Feststellungen vornehmen und sich berichten lassen. (§ 24.) Von dem Befehlshaber, welcher das ehrengerichtliche Verfahren angeordnet hat, handelt der § 28. Vgl. diesen Paragraphen und die Anm. dazu. Der Befehlshaber des § 28 kann dem Antrage entsprechen und die Ausdehnung anordnen, er kann sich aber auch ablehnend verhalten. Gegen diese ablehnende Haltung, die in jedem Falle ausführlicher zu begründen wäre, ist eine Anfechtung nur dann gegeben, wenn die neue Handlung oder Unterlassung durch einen Antrag des Angeschuldigten gegen sich selbst (§ 26, vgl. Anm. dazu) zur Sprache gekommen ist. Vgl. § 30 nebst Anm.

Ist die Ausdehnung angeordnet, so hat der Kommandeur eine entsprechende Erweiterung der Untersuchung durch den Ehrenrat zu veranlassen.

oder eine selbst verfaßte Verteidigungsschrift einzureichen, auch demnächst vor versammeltem Ehrengericht mündlich seine Verteidigung zu wiederholen oder zu ergänzen.

Auch kann der Angeschuldigte sich durch einen anderen Offizier, der aber eine niedere Charge — Dienstgrad — als er selbst nicht bekleiden darf, schriftlich verteidigen lassen.

Zur Einreichung einer Verteidigungsschrift ist eine Präklusivfrist von acht Tagen zu bewilligen, die nur mit Genehmigung des Kommandeurs verlängert werden darf. — Die Einreichung einer Verteidigungsschrift hat binnen der Frist von acht Tagen zu erfolgen. Die Frist beginnt mit dem auf das Schlußverhör folgenden Tage. Der Kommandeur ist befugt, die Frist aus erheblichen Gründen zu verlängern.

---

§ 41. Schluß der Untersuchung und Art der Verteidigung. Vgl. §§ 173 Abs. 5, 256 MStGO. Vervollständigung der Untersuchung: §§ 51 Z. 2, 54 Abs. 4, 56 nebst Anm.

Abs. 1. Schluß der Akten: § 39 Abs. 2 nebst Anm.

Aus dem Abs. 1 ist zu folgern, daß der Angeschuldigte zum Schluß der Untersuchung noch einmal zu vernehmen ist. In dieser Schlußvernehmung wird ihm das Ergebnis der ehrengerichtlichen Untersuchung, vor allem der Inhalt der Zeugenaussagen, mitzuteilen sein. Es ist auch gestattet, ihm die Akten zur Einsicht vorzulegen (§ 37 Abs. 1). Über die Schlußvernehmung muß ein Protokoll aufgenommen (§ 36 Abs. 1) und darin vermerkt werden, was dem Angeschuldigten alles eröffnet worden ist und was er darauf erklärt hat. Seine Erklärungen können für den Kommandeur Veranlassung sein, von einer Schließung der Akten zunächst noch abzusehen und weitere Ermittelungen für erforderlich zu erachten (§ 37 Abs. 2).

Insbesondere wird der Angeschuldigte zum Schluß, abgesehen von der ausdrücklichen Bestimmung des Abs. 1, darauf hinzuweisen sein, daß die Untersuchung für abgeschlossen angesehen werde, und ihm bekannt zu geben sein, welches Ehrengericht den Spruch über ihn fällen werde, damit er in der Lage ist, einen Antrag auf Überweisung an ein anderes Ehrengericht (§ 31 Abs. 2) oder auf Ausschließung einzelner Mitglieder des Ehrengerichts (§ 46 Abs. 1) rechtzeitig zu stellen. Die in Frage kommenden Anträge kann der Angeschuldigte dann sogleich dem Ehrenrat zu Protokoll geben. Vgl. Beilage I. Die Arten der Verteidigung sind in den nachfolgenden Absätzen enthalten.

Nach Schluß der Untersuchung und vor Abhaltung der Spruchsitzung (§§ 42 ff.) hat der Ehrenrat, — wie aus § 50 Abs. 3 zu entnehmen ist —, ein ausführliches schriftliches Gutachten zu den Akten zu bringen. Dies Gutachten ist von allen Mitgliedern des Ehrenrats zu unterschreiben.

Macht der Angeschuldigte von dem Rechte, sich zu Protokoll oder schriftlich zu verteidigen oder sich durch einen Dritten schriftlich verteidigen zu lassen, Gebrauch, so hat das (motivierte) Gutachten des Ehrenrats, das erst nach Eingang der Verteidigungsschrift abzufassen ist, auch auf die darin vorgebrachten Verteidigungsgründe einzugehen; daß dies geschehen kann, ist bei Anberaumung der Spruchsitzung zu berücksichtigen. Kab. Schr. v. 2/10 99; Marine: Kab.-Schr. v. 31/8 01.

Abs. 2 u. 3. Die Art der Verteidigung, die der Angeschuldigte wählen darf, ist eine dreifache:

1. er kann dem Ehrenrat bei der Schlußvernehmung oder auch in einem besonders dazu angesetzten Termine seine Verteidigung zu Protokoll geben;
2. er kann eine Verteidigungsschrift selbst verfassen und dem Ehrenrat zu den Akten einreichen;
3. er kann die schriftliche Verteidigung in die Hände eines Offiziers, der ihm im Range gleich steht oder höher im Range ist, legen.

Dieser Offizier (Verteidiger) ist zur Akteneinsicht berechtigt (§ 37 Abs. 1), darf aber an der Spruchsitzung nicht teilnehmen (§ 46 Abs. 3). Vgl. übrigens auch § 287 MStGO. — Macht der Angeschuldigte von dem Rechte, sich zu Protokoll oder schriftlich zu verteidigen oder sich durch einen Dritten schriftlich verteidigen zu lassen, Gebrauch, so hat das (motivierte) Gutachten des Ehrenrats, das erst nach Eingang der Verteidigungsschrift abzufassen ist, auch auf

§ 42. Sodann wird in einer dazu von dem Kommandeur zu berufenden Versammlung der Mitglieder des Ehrengerichts zum Spruch geschritten. Zweck derselben ist, die Mitglieder des Ehrengerichts über die Sachlage vollständig zu unterrichten, ihnen die Möglichkeit zu geben, durch Austausch der Ansichten ihre Überzeugung zu klären und diese in einem Spruch zum Ausdruck zu bringen.

§ 43. Zur Spruchsitzung eines Ehrengerichts über Hauptleute oder Rittmeister und Subalternoffiziere werden alle stimmberechtigte Mitglieder des Ehrengerichts so eingeladen, daß auch auswärtige Mitglieder die Möglichkeit erhalten, an derselben Teil zu nehmen.

Stimmberechtigt sind alle Mitglieder des Offizierkorps einschließlich der Stabsoffiziere und des Kommandeurs (§ 6).

Marine:

§ 43. Zur Spruchsitzung eines Ehrengerichts über Kapitänleutnants oder Hauptleute und Subalternoffiziere haben alle stimmpflichtigen Mitglieder

---

die darin vorgebrachten Verteidigungsgründe einzugehen; daß dies geschehen kann, ist bei Anberaumung der Spruchsitzung zu berücksichtigen. Kab. Schr. v. 2/10 99. — Über die Einreichung der Verteidigungsschrift vgl. Abs. 4.

Die schriftlich festgelegte Verteidigung wird in der Spruchsitzung des Ehrengerichts im Anschluß an den Akteninhalt verlesen (§ 50 Abs. 2) und das ist der Zeitpunkt, in dem der anwesende Angeschuldigte seine Verteidigung wiederholen oder ergänzen kann. Da er zu dieser mündlichen Verteidigung nur in der Lage ist, wenn ihm Ort, Tag und Stunde der Spruchsitzung bekannt ist, so muß aus den Akten hervorgehen, daß diese Bekanntmachung an ihn erfolgt ist. Sie kann unterbleiben, wenn er auf die Anwesenheit in der Sitzung und die mündliche Verteidigung verzichtet hat, was aus den Akten ersichtlich sein muß. Kab. Schr. v. 2/10 99; Marine: Kab. Schr. v. 31/8 01.

Abs. 4. Über die Verteidigungsschrift s. Abs. 2 u. 3 nebst Anm. Unter einer Präklusivfrist ist eine Frist zu verstehen, deren Ablauf die während ihres Laufes vorzunehmende Handlung ausschließt, so daß also vorliegend die Verteidigungsschrift nicht mehr zu berücksichtigen ist, wenn sie eingeht, nachdem die bewilligten acht Tage bzw. die vom Kommandeur genehmigte Verlängerung verstrichen sind.

Der Abs. 4 bezieht sich ebenso auf die vom Angeschuldigten selbst als auf die von dem Verteidiger (Abs. 3) verfaßte Verteidigungsschrift.

Die Präklusivfrist zur Einreichung einer Verteidigungsschrift von acht Tagen umfaßt acht volle Kalendertage und beginnt mit dem auf die stattgefundene Belehrung des Angeschuldigten über seine Verteidigungsbefugnisse folgenden Tage. Kab. Schr. v. 2/10 99. — Die Verlängerung der Frist liegt ganz im Ermessen des Kommandeurs (§ 12). Ihre Spanne sowie die Tatsache der darüber an den Angeschuldigten erfolgten Mitteilung sind zu den Akten zu vermerken.

§ 42. Versammlung der Mitglieder zur Spruchsitzung und ihr Zweck. „Sodann" d. h. nach vollständig abgeschlossener Untersuchung und Ablauf der dem Angeschuldigten gegebenen Frist zur Einreichung der Verteidigungsschrift (§§ 39 Abs. 2, 41).

Kommandeur: §§ 12, 13 Abs. 2; Berufung der Versammlung s. § 43 nebst Anm. Über den Spruch vgl. § 51.

Die Versammlung hat den dreifachen Zweck:

1. Die Mitglieder des Ehrengerichts über die Sachlage vollständig zu unterrichten und zwar geschieht dies durch vollständige Vorlesung der Akten und der schriftlich festgelegten Verteidigung sowie durch die eventuelle mündliche Verteidigung des Angeschuldigten, ferner durch den Vortrag des vom Ehrenrat erstatteten Gutachtens (§§ 41, 50);
2. sie in die Lage zu versetzen, durch Austausch der Ansichten ihre Überzeugung zu klären und zwar geschieht dies bei der vom Kommandeur zu leitenden, durch Vortrag des schriftlichen Gutachtens des Ehrenrates zu eröffnenden Beratung (§ 50 Abs. 3);
3. den Spruch des Ehrengerichts zu erlangen (vgl. § 50 Abs. 3).

des Ehrengerichts, welche am Garnisonort anwesend und nicht dienstlich verhindert sind, zu erscheinen. Der Termin für die Spruchsitzung ist so anzuberaumen, daß eine möglichst große Anzahl der stimmberechtigten Mitglieder des Ehrengerichts demselben beiwohnen kann. Findet nach § 7, II, 3 an Bord eines Schiffes außerhalb der heimischen Gewässer eine Spruchsitzung statt, so hat der Kommandeur zur Teilnahme an derselben auch diejenigen stimmpflichtigen Mitglieder der Marineehrengerichte zu requirieren, welche an Bord anderer gleichzeitig in demselben Hafen liegenden Schiffe eingeschifft sind, oder sich zu dienstlichen Zwecken dort am Lande befinden.

Stimmpflichtig sind außer den dem betreffenden Ehrengericht unterstellten Offizieren auch der Kommandeur desselben und die Stabsoffiziere der zu demselben gehörenden Marineteile.

§ 44. Bei einem Infanterie- oder Artillerieregiment, welches verschiedene Garnisonen hat, findet zuerst in derjenigen Garnison, in welcher sich der Ehrenrat befindet, der die Untersuchung geführt hat, eine Spruchsitzung statt. Demnächst werden die Akten den anderen Bataillonen oder Abteilungen zugeschickt, um dort ebenfalls zum Spruch zu schreiten. Der Kommandeur kann sich in solchen Fällen in die Garnisonen dieser Bataillone und Abteilungen begeben, um der Spruchsitzung beizuwohnen.

Marine:

§ 44. Haben die Marineteile, welche ein gemeinsames Ehrengericht bilden, verschiedene Garnisonen, so findet die Spruchsitzung zuerst in derjenigen Garnison statt, in welcher sich der Ehrenrat befindet, welcher die Untersuchung geführt hat. Ist diese Garnison nicht gleichzeitig diejenige, in welcher der Kommandeur seinen Sitz hat, so wird auch in dieser noch eine Sitzung abgehalten.

---

§ 43. Ladung der Mitglieder zur Spruchsitzung. Vgl. § 35 nebst Anm. Wie zu verfahren ist bei einem Infanterie- oder Artillerieregiment, das verschiedene Garnisonen hat, sagt § 44; in welcher Art eine Spruchsitzung eines Ehrengerichtes über Stabsoffiziere zustande kommt, darüber spricht sich § 45 aus. Ausschließung einzelner Mitglieder von der Teilnahme am Spruch: § 46. Mindestzahl der an der Spruchsitzung teilnehmenden stimmfähigen Mitglieder: § 47. Abhaltung der Spruchsitzung während des Kriegszustandes: § 48. Benachrichtigung des Angeschuldigten, wenn von der Regel im Hinblick auf Bestimmung und Zusammensetzung des Ehrengerichts abgewichen wird: § 49; Hergang in der Spruchsitzung: § 50; Inhalt des Spruches: § 51. Bei Anberaumung der Spruchsitzung ist auf das vom Ehrenrat zu erstattende Gutachten Rücksicht zu nehmen. Vgl. Anm. zu § 41 Abs. 2 u. 3.

Abs. 1. Ehrengericht über Hauptleute usw.: §§ 7 Abs. 1 Z. 1, 8 ff. Wer stimmberechtigt ist, sagt Abs. 2. Einzelne Mitglieder können von der Abstimmung ausgeschlossen werden bzw. sind auszuschließen. Vgl. § 46. Im übrigen dürfen sich die Mitglieder, die an dem Orte, wo die Spruchsitzung stattfindet, anwesend und weder krank noch durch den Dienst verhindert sind, der Beteiligung am Spruch des Ehrengerichts nicht entziehen. § 46 Abs. 4.

Abs. 2. Über die Mitglieder des Offizierkorps s. § 6 nebst Anm. Zu einem gültigen Spruch ist die Anwesenheit von mindestens neun stimmfähigen Mitgliedern — den Kommandeur mit einbegriffen — erforderlich. § 47 Abs. 1.

Zur möglichsten Kostenersparnis sind die Spruchgerichte der Offiziere des Beurlaubtenstandes, soweit dies ohne wesentliche Verzögerung angängig ist, bei solchen Gelegenheiten abzuhalten, wo die Offiziere sich ohnedies aus dienstlicher Veranlassung im Stabsquartier zu versammeln haben. Erlaß des KM. v. 30/11 78 (Nr. 327/8 78 M.-O.-D. 3) u. v. 28/1 81 (Nr. 289/1 M.-O.-D. 3). Siehe Solms Anm. 3 zu § 43.

Wegen der Reisegebührnisse s. Reiseordnung der Personen des Soldatenstandes §§ 56, 58 Z. 7; Marinereiseordnung § 32. Vgl. Anm. zu § 24 Abs. 3.

Der Kommandeur kann, wenn ihm dies erforderlich erscheint, die Leitung der Spruchsitzung auch in der Garnison persönlich übernehmen, der er nicht selbst angehört.

Ist es zweifelhaft, ob durch die Abstimmung in den übrigen in Frage kommenden Garnisonen das Gesamtergebnis geändert wird, so hat der Kommandeur solche weiteren Spruchsitzungen anzuordnen.

§ 45. Bilden die Offizierkorps mehrerer Schiffe ein Ehrengericht, und können die Mitglieder desselben infolge sehr dringender Verhältnisse nicht auf einem Schiffe zur Spruchsitzung vereinigt werden, so tritt ein analoges Verfahren ein, wie dies im § 44 für die verschiedenen Garnisonen angeordnet ist.

§ 45. Zur Spruchsitzung eines Ehrengerichts über Stabsoffiziere werden die Mitglieder desselben, bzw. die nötigen Stellvertreter an Einem Orte vereinigt.

Marine:

§ 46. Die Spruchsitzung eines Ehrengerichts über Stabsoffiziere ist so anzuberaumen, daß eine möglichst große Anzahl der stimmberechtigten Mitglieder des Ehrengerichts derselben beiwohnen kann, jedoch sind stimmberechtigte Mitglieder aus anderen Garnisonorten desselben Befehlsbereichs nur insoweit heranzuziehen, als es im Interesse der Sache erforderlich ist.

Stimmpflichtig sind außer den dem betreffenden Ehrengericht unterstellten Stabsoffizieren auch der Kommandeur desselben und die Flaggoffiziere der zu demselben gehörenden Marineteile.

§ 46. (Marine: **§ 47.**) — Der Angeschuldigte ist, sofern er nicht auf das Recht der persönlichen Anwesenheit in der Spruchsitzung (vgl. § 41) verzichtet hat, rechtzeitig davon in Kenntnis zu setzen, wann und wo die Spruch-

---

§ **44.** Spruchsitzung, wenn ein Infanterie- oder Artillerieregiment verschiedene Garnisonen hat. Über den Ehrenrat vgl. § 16 nebst Anm., über das Verfahren bei der Spruchsitzung vgl. § 50. Dieses spielt sich in jeder der in Frage kommenden Garnisonen vor den hier zusammenberufenen Mitgliedern des Offizierkorps gleichmäßig ab. Selbstverständlich darf in der späteren Spruchsitzung der Erfolg der voraufgegangenen nicht erörtert werden. Nach jeder Einzelsitzung wird die Aufforderung zur Verschwiegenheit gemäß § 58 zu ergehen haben. Der Kommandeur (§§ 12, 13 Abs. 2) stimmt nach seinem Ermessen in einer der Spruchsitzungen mit. Nach der Marine-VO. hat er es in der ersten zu tun (§ 51 Abs. 10).

Teilnehmen kann er nach Inhalt des § 44 an jeder der Sitzungen. Ist er anwesend, so liegt natürlich die Leitung in seinen Händen. Sonst wird er durch die bezüglichen Bataillons- oder Abteilungskommandeure bzw. durch deren Stellvertreter vertreten. Die Anwesenheit des Angeschuldigten wird in jeder der Sitzungen nach Maßgabe des § 50 Abs. 2 zu gestatten sein, in jeder wird er seine Verteidigung (vgl. § 41 Abs. 2) führen können. Das Ergebnis jeder einzelnen Abstimmung ist in jeder der Spruchsitzungen, das Gesamtergebnis in der letzten Sitzung mitzuteilen (§ 58) und alsbald auch den Bataillons- bzw. Abteilungskommandeuren der übrigen Garnisonen zur Mitteilung an die übrigen Einzelehrengerichte bekannt zu geben. Demnächst gehen die Akten mit den Weisungen des Kommandeurs (§ 59) an denjenigen Ehrenrat zurück, welcher die Untersuchung geführt hat.

§ **45.** Spruchsitzung eines Ehrengerichts über Stabsoffiziere. [Vgl. §§ 5 Abs. 1 Z. 2, 7 Abs. 1 Z. 2, 13, 21. Alle neun Mitglieder bzw. deren Stellvertreter sind zu der vom Kommandeur d. h. hier vom General (§ 13 Abs. 2) bzw. dessen Stellvertreter (vgl. Anm. zu § 13 Abs. 2) zu leitenden Spruchsitzung zusammen zu berufen. Vgl. auch Anm. zu § 13. Die Vereinigung ist gleichfalls Sache des Kommandeurs (Generals). Läßt sie sich aus irgend welchen Gründen nicht bewerkstelligen (vgl. die §§ 31 Abs. 2, 46, 48), so muß in Ermangelung eines zweiten Ehrengerichts über Stabsoffiziere die Allerhöchste Entscheidung eingeholt werden.

sitzung stattfinden wird. — Etwaige Anträge auf Ausschließung einzelner Mitglieder des Ehrengerichts von der Abstimmung sind von dem Angeschuldigten (§ 31) so zeitig anzubringen, daß darüber noch vor der Spruchsitzung von dem zur Anordnung des ehrengerichtlichen Verfahrens berechtigten Befehlshaber entschieden werden kann.

Diese Entscheidung ist eine endgültige.

Außerdem sind durch den Kommandeur von der Teilnahme am Spruch des Ehrengerichts auszuschließen: Ankläger, Zeugen, Verteidiger, nahe Verwandte und Schwäger des Angeschuldigten, sowie diejenigen, welche sich selbst in einer gerichtlichen oder ehrengerichtlichen Untersuchung befinden. Zu den nahen Verwandten werden nur gezählt: der Vater, die Söhne, Brüder, rechte Onkel, rechte Neffen und die rechten Geschwisterkinder.

Mitglieder des Ehrengerichts, welche hiernach von der Teilnahme an dem Spruch nicht ausgeschlossen, an dem Orte, wo die Spruchsitzung stattfindet, anwesend und weder krank noch durch den Dienst verhindert sind, dürfen sich der Beteiligung am Spruch des Ehrengerichts nicht entziehen.

---

§ 46. Ausschließung einzelner Mitglieder des Ehrengerichts.

Abs. 1. Über den Antrag des Angeschuldigten auf Überweisung der Angelegenheit an ein anderes Ehrengericht vgl. § 31 Abs. 2 nebst Anm. Die hier in Frage kommenden Anträge kann der Angeschuldigte bei seiner Schlußvernehmung zu Protokoll geben — vgl. Anm. zu § 41 Abs. 1 — oder aber späterhin einreichen. Nur muß dies so zeitig geschehen, daß über das Beantragte noch vor der Spruchsitzung entschieden werden kann. Vgl. § 49. Zuständig ist der zur Anordnung des ehrengerichtlichen Verfahrens berechtigte Befehlshaber. § 28 nebst Anm. Die Anträge gelangen deshalb durch den Kommandeur, der auf der Zuschrift seine Ansicht äußern kann, an ihn. — Gegen die Entscheidung des Befehlshabers gibt es keinen Rekurs. Vgl. Abs. 2 u. § 30 nebst Anm. Immerhin würde die Allerhöchste Stelle in der Lage sein, bei unbegründeter Ablehnung eines Antrages auf Ausschließung den Spruch des Ehrengerichts aufzuheben und die Überweisung an ein anderes Ehrengericht zu veranlassen. Vgl. auch § 59 Abs. 3 nebst Anm.

Abs. 2. Vgl. Anm. zu Abs. 1. Der Angeschuldigte ist über den Ausfall der Entscheidung zu unterrichten. Das kann vor Beginn der Spruchsitzung geschehen. Auch der auf die Entscheidung hin Auszuschließende ist durch den Kommandeur in Kenntnis zu setzen.

Abs. 3. Von der Teilnahme sind durch den Kommandeur (§§ 12, 13 Abs. 2) auszuschließen:

1. Ankläger d. h. solche Offiziere, welche die Anzeige im Sinne des § 22 erstattet haben.
2. Zeugen; vgl. § 36 Abs. 2.
3. Verteidiger; vgl. § 41 Abs. 3.
4. Nahe Verwandte des Angeschuldigten. Wer dazu gezählt wird, ist im Satz 2 gesagt.
5. Schwäger des Angeschuldigten. Darunter sind nur zu verstehen die Ehemänner der Schwestern des Angeschuldigten und die Brüder seiner Ehefrau.
6. Diejenigen Mitglieder des Ehrengerichts (§§ 8 Abs. 2, 6), welche selbst gerichtlich oder ehrengerichtlich verfolgt werden.

Rechte Onkel sind die Brüder des Vaters bzw. der Mutter; rechte Neffen die Söhne der Geschwister des Angeschuldigten; rechte Geschwisterkinder sind die Söhne der rechten Onkel und der rechten Tanten des Angeschuldigten, also seine rechten Vettern.

Die Ausgeschlossenen sind von der Ausschließung zu benachrichtigen und der Angeschuldigte erhält Nachricht auf Grund des § 49.

Abs. 4. Die Teilnahme an den Ehrengerichten erscheint als eine Ehrenpflicht, der sich kein Mitglied ohne Grund — als solcher kommen nur Ausschließung (Abs. 1 u. 3), Krankheit und Dienst (aber wohl auch Beurlaubung — s. Beilage VII —) in Betracht — entziehen darf, widrigenfalls im disziplinaren oder auch im ehrengerichtlichen Verfahren gegen es vorgegangen werden kann. — Wegen der Reisegebührnisse s. Anm. zu § 24 Abs. 3. Die an der Teilnahme verhinderten Mitglieder des Ehrengerichts sind unter An-

§ 47. (Marine: **§ 48.**) Zu einem gültigen Spruch — über einen Kapitänleutnant oder Hauptmann und über einen Subalternoffizier — ist die Teilnahme — Abgabe — von mindestens neun stimmfähigen Mitgliedern — Stimmen —, den Kommandeur mit inbegriffen, erforderlich.

Können voraussichtlich nicht mindestens neun Mitglieder des Ehrengerichts in der Spruchsitzung anwesend sein — Stimmen abgegeben werden —, so ist die Untersuchung nach der darüber einzuholenden Bestimmung desjenigen Befehlshabers, welcher das ehrengerichtliche Verfahren angeordnet hat, einem anderen Ehrengericht seines Dienstbereichs zum Spruch zu überweisen —, oder, wo derselbe nur über ein Ehrengericht verfügt, Mir zur Bestimmung eines anderen Ehrengerichts vorzulegen —.

Dies muß auch dann geschehen, wenn zur Spruchsitzung des Ehrengerichts eines Landwehrbataillons nicht neun stimmberechtigte Mitglieder desselben im Stabsquartier sich in nächster Zeit vereinigen lassen (dieser Absatz fällt für die Marine weg).

§ 48. (Marine: **§ 49.**) Während des Kriegszustandes können diejenigen Befehlshaber, welche ein ehrengerichtliches Verfahren anzuordnen berechtigt sind, mehrere einzelne zu schwache Offizierkorps ihres Dienstbereichs zur Fällung eines ehrengerichtlichen Spruchs zusammentreten lassen.

§ 49. (Marine: **§ 50.**) Von jeder von der Regel abweichenden Bestimmung oder Zusammensetzung eines Ehrengerichts zur Fällung des Spruchs ist dem Angeschuldigten Nachricht zu geben, um ihn in den Stand zu setzen, noch vor der Spruchsitzung seine Gründe für etwaige Ablehnung einzelner Mitglieder desselben zur Kenntnis des Befehlshabers zu bringen, welcher eine solche Anordnung getroffen hat.

---

gabe des Hinderungsgrundes am Schlusse des über den Gang der Spruchsitzung aufgenommenen Protokolls namhaft zu machen. § 50 Abs. 4.

§ **47.** Mindestzahl der Teilnehmer am Ehrengericht. § 47 gilt nur für die Ehrengerichte über Hauptleute usw. (§§ 8 ff.). Bezüglich der Ehrengerichte über Stabsoffiziere vgl. § 45 nebst Anm.

Abs. 1. Wie außerdem ein gültiger Spruch des Ehrengerichts entsteht, sagt § 57. Wenn die Zahl „neun" nicht zu erreichen ist, s. Abs. 2 u. 3. Ehrengericht während des Kriegszustandes: § 48.

Abs. 2. Wegen des Ehrengerichts der Reserve- und Landwehroffiziere s. Abs. 3. Überweisung der ehrengerichtlichen Angelegenheit im Untersuchungsstadium an ein anderes Ehrengericht: § 31 Abs. 2 nebst Anm. Über den Befehlshaber, welcher das ehrengerichtliche Verfahren angeordnet hat, vgl. § 28 nebst Anm. Seine Bestimmung wegen der Überweisung wird vom Kommandeur eingeholt. — Tritt der Fall ein, daß ein anderes Ehrengericht seines Dienstbereichs nicht zur Verfügung steht, so müßte mangels einer einschlägigen Bestimmung die Allerhöchste Entscheidung eingeholt werden. Vgl. Anm. zu § 31 Abs. 2.

Abs. 3. Wegen der jetzigen Einteilung in Landwehr- und Kontrollbezirke vgl. Anm. zu § 9. Zu den neun stimmberechtigten Mitgliedern rechnet auch hier der Kommandeur mit.

§ **48.** Zusammensetzung des Ehrengerichts während des Kriegszustandes. Kriegszustand: vgl. Anm. zu § 10 Abs. 4. Bildung eines gemeinsamen Ehrenrats während des Kriegszustandes: § 20. Über die Befehlshaber, welche ein ehrengerichtliches Verfahren anzuordnen berechtigt sind, s. § 28 nebst Anm. — Wann ein Offizierkorps als zu schwach anzusehen ist, ist dem § 47 zu entnehmen.

§ **49.** Benachrichtigung des Angeschuldigten von einer regelwidrigen Zusammensetzung des Ehrengerichts. Über Abweichungen von der Regel s. §§ 31 Abs. 2, 32, 46, 47 Abs. 2 u. 3, 48. „Bestimmung eines Ehrengerichts" ist die von dem Befehlshaber getroffene, von der Regel abweichende Maßnahme im Sinne der §§ 31 Abs. 2,

§ 50. Die Mitglieder des Ehrengerichts werden nicht vereidigt; sie sind aber vor der Abstimmung von dem Kommandeur aufzufordern, als Ehrenmänner, ohne Leidenschaft, nach Pflicht und Gewissen und mit Erwägung der einwirkenden besonderen Verhältnisse, ihre Stimme abzugeben.

Demnächst sind die Akten vom Ehrenrat vollständig vorzulesen. Hieran schließt sich die Verteidigung an (§ 41), bis zu deren Beendigung der Angeschuldigte in der Spruchsitzung gegenwärtig sein darf.

Nachdem sodann eine vom Kommandeur zu leitende, durch Vortrag eines schriftlichen Gutachtens des Ehrenrats zu eröffnende Beratung stattgefunden hat, gibt jedes Mitglied des Ehrengerichts dem Ehrenrat seine Stimme mündlich ab. Der Ehrenrat hat über die ganze Verhandlung ein Protokoll zu führen. In demselben muß die Abstimmung jedes einzelnen Mitgliedes ersichtlich gemacht und die betreffende Stelle des Protokolls von diesem selbst unterschrieben werden.

Wenn Mitglieder des Ehrengerichts an der Abstimmung teilzunehmen verhindert sind, so sind dieselben unter Angabe des Hinderungsgrundes am Schluß des Protokolls namhaft zu machen.

Marine:

§ 51. In der Spruchsitzung werden zunächst vom Ehrenrate die Akten einschließlich der etwa eingereichten Verteidigungsschrift, vollständig verlesen. Der Angeschuldigte darf hierbei gegenwärtig sein und eine mündliche Verteidigung anschließen. Die Vertretung des Angeschuldigten durch einen anderen ist unstatthaft.

Hieran reiht sich, nachdem der etwa erschienene Angeschuldigte aus der Versammlung entlassen ist, die Verlesung eines vom Ehrenrate verfaßten, schriftlichen, begründeten und einen bestimmten Antrag enthaltenden Gutachtens. Dasselbe hat die Ausführungen der etwa eingereichten Verteidigungsschrift zu würdigen.

Der Kommandeur legt sodann seinen Standpunkt zu dem Gutachten des Ehrenrats klar, welchen er außerdem in kurzer Fassung und unter Bezugnahme auf die Anführungen des Ehrenrats schriftlich zu den Akten zu geben hat.

Demnächst folgt eine vom Kommandeur zu leitende gemeinsame Beratung.

Die Mitglieder des Ehrengerichts werden nicht vereidigt, jedoch nach Schluß der Beratung vom Kommandeur aufgefordert, „als Ehrenmänner ohne Leidenschaft nach Pflicht und Gewissen und mit Erwägung der einwirkenden besonderen Verhältnisse ihre Stimmen abzugeben“.

Bei der darauf folgenden Abstimmung gibt jedes Mitglied des Ehrengerichts seine Stimme mündlich ab.

Der Ehrenrat hat über die ganze Verhandlung ein Protokoll zu führen. In demselben muß die Abstimmung jedes einzelnen Mitgliedes ersichtlich gemacht und die betreffende Stelle des Protokolls von diesem selbst unterschrieben werden.

---

47 Abs. 2 u. 3, 48. Die „Zusammensetzung des Ehrengerichts“ kann eine von der Regel abweichende werden, wenn Ausschließungen gemäß § 46 stattfinden. — Über Anträge auf Ablehnung einzelner Mitglieder vgl. § 46 Abs. 1 nebst Anm.

Daß die Benachrichtigung des Angeklagten erfolgt ist, muß aus den Akten zu ersehen sein.

Wenn Mitglieder des Ehrengerichts an der Abstimmung teilzunehmen verhindert sind, so sind dieselben unter Angabe des Hinderungsgrundes am Schluß des Protokolls namhaft zu machen.

Bei einer nach Maßgabe des § 43 stattfindenden zweiten und folgenden Spruchsitzung kommt neben dem Aktenmaterial und der Verteidigungsschrift nur das Gutachten des untersuchungsführenden Ehrenrats und die in der ersten Sitzung zum Ausdruck gebrachte Stellungnahme des Kommandeurs zur Verlesung.

Der Kommandeur gibt seine Stimme nur bei der ersten Spruchsitzung ab.

---

§ **50**. Hergang in der Spruchsitzung. Der Gang der Spruchsitzung, deren Abhaltung die Anwesenheit der erforderlichen Zahl von Mitgliedern (§§ 47, 45 nebst Anm.) voraussetzt, ist nach § 50 folgender: Zunächst sind die Akten vom Ehrenrat d. h. von einem Mitgliede des Ehrenrats (§§ 15, 21) vollständig (vgl. Anm. zu Abs. 2) zu verlesen. Nach Schluß der Verlesung ist dem Angeschuldigten, der während ihr gegenwärtig sein kann, vom Kommandeur das Wort zur Verteidigung zu geben (vgl. § 41 Abs. 2). Hierauf ist der Angeschuldigte aufzufordern, sich aus der Sitzung zu entfernen, und nun folgt die Beratung der Mitglieder des Ehrengerichts, die durch Vortrag des vom Ehrenrat erstatteten schriftlichen Gutachtens (vgl. Anm. zu § 41 Abs. 1) vom Kommandeur eröffnet (vgl. Anm. zu Abs. 3) und von ihm geleitet wird. Ist die Beratung beendet (vgl. Anm. zu Abs. 3), so fordert der Kommandeur die Mitglieder auf, als Ehrenmänner, ohne Leidenschaft, nach Pflicht und Gewissen und mit Erwägung der einwirkenden besonderen Verhältnisse ihre Stimmen abzugeben (vgl. Abs. 1). Hieran schließt sich die Abstimmung, die gemäß § 54 vor sich geht. — Über den Inhalt des Spruches s. § 51 und über seine Entstehung § 57.

Abs. 1. Mitglieder des Ehrengerichts (§§ 6, 8, 9, 13; vgl. auch § 44) d. h. diejenigen, welche zur Sitzung geladen und erschienen sind. — Eine Vereidigung findet im Rahmen der VO. überhaupt nicht statt (vgl. § 36 Abs. 2); Pflicht, Gewissen und Ehre sind ausreichende Garantien für die Fällung eines gerechten Spruches über die Verfehlung eines Standesgenossen. — Abstimmung: vgl. Abs. 3 u. 4, ferner §§ 54, 57. Kommandeur: §§ 12, 13 Abs. 2. Im Falle des § 44 kann auch der bezügliche Bataillons- bzw. Abteilungskommandeur die Spruchsitzung leiten und von ihm hat dann die Aufforderung zu erfolgen. — Stimmenabgabe: § 54.

Abs. 2. Vgl. § 41 Abs. 2 u. 3 nebst Anm. Die Vollständigkeit der Verlesung wird erfüllt, wenn alles dasjenige zur Verlesung gebracht wird, was für die Fällung des Spruches von Bedeutung ist, die Mitglieder des Ehrengerichts über das Ergebnis aller Untersuchungshandlungen einschließlich der Erklärungen des Angeschuldigten und seiner Verteidigung (Verteidigungsschrift § 41 Abs. 4 nebst Anm.) unterrichtet. — Nach beendeter Verteidigung (§ 41 Abs. 2) hat sich der Angeschuldigte zu entfernen.

Wenn ein Infanterie- oder Artillerieregiment verschiedene Garnisonen hat, s. § 44 nebst Anm.

Abs. 3. Über das schriftliche Gutachten des Ehrenrats s. Anm. zu § 41 Abs. 1, 2 u. 3. — Wer das Gutachten vorzutragen hat, ist nicht gesagt. Der Kommandeur kann es selbst tun, aber auch dem Vortrage durch ein Mitglied des Ehrenrats steht nichts entgegen. — Die Beratung ist dazu da, um volle Klarheit über die Sachlage bei den Mitgliedern zu schaffen, um Zweifel und Bedenken zu lösen, das Für und Wider zu erwägen, um jedem Mitgliede Gelegenheit zu geben, sich zum Wort zu melden und sich zur Sache zu äußern. — Dem Spruch selbst darf in der Beratung nicht vorgegriffen werden, sondern jeder soll nur in der Lage sein, sich die ausreichende Grundlage für seine Abstimmung zu beschaffen.

Es wird der ihm obliegenden Leitung entsprechen, daß der Kommandeur förmlich die Beratung eröffnet, darauf den Vortrag des vom Ehrenrat erstatteten Gutachtens veranlaßt und, wenn er meint, daß die anschließenden Erörterungen ihr Ende erreicht haben, wenn vor allem kein Mitglied mehr das Wort begehrt, die Beratung förmlich schließt, auch, nach erfolgter Aufforderung gemäß Abs. 1, erklärt, daß nunmehr zur Abstimmung geschritten werde. — Die Abgabe der Stimme (vgl. § 54) erfolgt mündlich, aber tatsächlich ist die Abstimmung eine schriftliche, denn sie wird im Protokoll ersichtlich gemacht und die betreffende

§ 51. (Marine: **§ 52**). Der Spruch des Ehrengerichts kann lauten:

1. auf **Unzuständigkeit,** wenn das Ehrengericht der Ansicht ist, daß der Fall sich überhaupt nicht zur ehrengerichtlichen Behandlung eigne, oder daß ein anderes Ehrengericht das zuständige sei;
2. auf **Vervollständigung der Untersuchung,** wenn das Ehrengericht eine solche um sich eine bestimmte Überzeugung bilden zu können, für nötig und möglich hält;
3. auf **Freisprechung,** wenn das Ehrengericht der Überzeugung ist, daß die dem Angeschuldigten zur Last gelegte Gefährdung oder Verletzung der Standesehre nicht stattgefunden habe;
4. auf **Schuldig der Gefährdung der Standesehre** unter Beantragung der Erteilung **einer Warnung,** wenn das Ehrengericht der Überzeugung ist, daß der Angeschuldigte durch das ihm zur Last fallende Verhalten nicht unwürdig geworden ist, im Dienst belassen zu werden;
5. auf **Schuldig der Verletzung der Standesehre** unter Beantragung **der Entlassung mit schlichtem Abschied,** wenn das Ehrengericht der Überzeugung ist, daß der Angeschuldigte in seiner Dienststellung nicht belassen werden kann;
6. auf **Schuldig der Verletzung der Standesehre unter erschwerenden Umständen** unter Beantragung der **Entfernung aus dem Offizierstande,** wenn das Ehrengericht der Überzeugung ist, daß der Angeschuldigte dem Offizierstande ferner anzugehören unwürdig geworden ist.

Stelle dann von dem betreffenden Mitgliede selbst unterschrieben. Inhalt der mündlichen Stimmenabgabe ist einer der sechs Punkte des § 51 (vgl. aber auch § 53). § 54 Abs. 4.

Die Führung des Protokolls übernimmt ein Mitglied des Ehrenrats und zwar gewöhnlich dasjenige, in dessen Händen ein für allemal die Schriftführung liegt. Das Protokoll hat den Ort und Tag der Sitzung, die Namen sämtlicher gegenwärtigen Mitglieder des Ehrengerichts unter besonderer Hervorhebung des Kommandeurs und der Mitglieder des Ehrenrats, den bzw. die Namen des bzw. der Angeschuldigten, den ganzen Hergang in der Spruchsitzung einschließlich der Abstimmung (wie es Abs. 3 vorschreibt) zu enthalten. Es ist darin auch aufzunehmen, daß das Ergebnis der Abstimmung sofort dem Ehrengerichte mitgeteilt worden ist und daß die Mitglieder zur Verschwiegenheit gemäß § 58 aufgefordert worden sind. Am Schlusse des Protokolls erfolgt die in Abs. 4 vorgeschriebene Namhaftmachung. Es wird vollzogen von den Mitgliedern, die in der Sitzung den Ehrenrat darstellen, und zwar geschieht dies noch in der Sitzung (§ 58). — Vgl. auch Beilage VI, die jedoch nur einen allgemeinen, nach vorstehendem nicht voll ausreichenden Anhalt für Abfassung des Protokolls darbietet.

Abs. 4. Vgl. § 46 Abs. 4, wo die allein stichhaltigen Hinderungsgründe aufgeführt sind; vgl. ferner Beilage VII.

§ 51. Inhalt des Ehrengerichtsspruches. Über die Entstehung eines gültigen Spruches vgl. § 57. Ausfertigung des Spruches: § 59. Wegen der Kosten vgl. Anm. zu § 34 a. E. Für die Mitglieder sind im Hinblick auf die Fällung des Spruches durch die AKO. v. 31/1 85 — für die Marine vgl. Kab. Schr. v. 31/8 01 — folgende Leitsätze aufgestellt:

Die Mitglieder des Ehrengerichts haben neben dem kameradschaftlichen Wohlwollen vor allem die Erhaltung der Standesehre fest im Auge zu behalten und demgemäß lediglich auf Grund des mit allen zugehörigen Nebenumständen ermittelten Tatbestandes genau nach Pflicht und Gewissen zu urteilen. Findet aber das Ehrengericht, daß in der Person des Angeschuldigten oder in den die Tat begleitenden besonderen Umständen und Verhältnissen Milderungsgründe liegen, die den Angeschuldigten einer gnadenweisen Berücksichtigung würdig erscheinen lassen, so bleibt es ihm unbenommen, die Allerhöchste Gnade durch einen besonderen Antrag anzurufen und diesen den Spruchverhandlungen beizufügen. Niemals aber darf das Ehrengericht durch seinen Spruch in das der Allerhöchsten Person allein zustehende Gnadenrecht eingreifen.

Wenn mehrere Handlungen oder Unterlassungen (§ 2 a nebst Anm.) desselben Offiziers zu sühnen sind, darf doch immer nur auf **eine** der in Z. 4—6 vorgesehenen Strafen angetragen werden. § 54 Abs. 2.

Z. 1. Vgl. §§ 328—330 MStGO. Wenn die Mehrheit der Stimmenden das Ehrengericht für nicht zuständig hält, ist auf dem Instanzenwege die Allerhöchste Entscheidung einzuholen. § 55 Abs. 1; vgl. dazu § 59. Ist nur eine Minderheit der Stimmen der Ansicht, daß das Ehrengericht unzuständig sei, vgl. § 55 Abs. 2. — Sachliche Zuständigkeit der Ehrengerichte: § 2; subjektive Zuständigkeit: § 4; allgemeine Zuständigkeit: § 31 Abs. 1; Zuständigkeit durch Verweisung: §§ 31 Abs. 2, 47 Abs. 2 u. 3; Bestimmung eines gemeinschaftlichen Ehrengerichts: § 32; außerordentliches Ehrengericht während des Kriegszustandes: § 48.

Ein Fall eignet sich überhaupt nicht zur ehrengerichtlichen Verhandlung, wenn er eine gerichtliche Erledigung oder eine im Disziplinarwege erfordert. Vgl. Anm. zu §§ 2, 3.

Ist bei der **Abstimmung** überhaupt die Ansicht vertreten, daß das Ehrengericht nicht zuständig sei, so ist hierüber zuerst abzustimmen. § 54 Abs. 4. — Bei der Stimmenabgabe (§§ 50 Abs. 3, 54) ist eine der Alternativen der Z. 1 zum Ausdruck zu bringen, d. h. der Abstimmende hat zu erklären, ob seine Stimme lautet auf Unzuständigkeit, weil der Fall sich überhaupt nicht zur ehrengerichtlichen Behandlung eignet, oder weil ein anderes Ehrengericht zuständig ist. —

Der **Tenor** des Spruches hätte dahin zu lauten:

daß das Ehrengericht für unzuständig zu erklären ist

und in den **Gründen** wäre auszuführen, weshalb die **Mehrheit** der Stimmen die Unzuständigkeit angenommen hat.

Z. 2. Vgl. § 244 MStGO. Hält die Mehrheit der Stimmenden dafür, daß die Untersuchung zu vervollständigen sei, so ist das hiernach Erforderliche durch den Kommandeur zu veranlassen, und die definitive Abstimmung, bis dies geschehen, auszusetzen. § 56 Abs. 1. Ist nur die Minderheit der Ansicht, daß eine Vervollständigung nötig sei, vgl. § 56 Abs. 2. — Ist die Ansicht überhaupt vertreten, daß die Verhandlungen zu vervollständigen seien, so ist hierüber zuerst abzustimmen. § 54 Abs. 4.

Der **Tenor** des Spruches hätte dahin zu lauten:

daß die ehrengerichtliche Untersuchung zu vervollständigen ist,

und in den **Gründen** wäre auszuführen, nach welcher Richtung die **Mehrheit** der Stimmenden diese Vervollständigung für nötig und möglich hält.

Eine Unvollständigkeit kann auch in der Nichtbeachtung einer in der VO. vorgeschriebenen Förmlichkeit gefunden und ihre Nachholung verlangt werden. **Solms** Anm. 3 zu § 54.

Z. 3. Über **Gefährdung** und **Verletzung der Standesehre** vgl. § 2a nebst Anm. Wenn die Allerhöchste Entscheidung auf **Freisprechung** lautet, so erfolgt ihre Bekanntmachung an den Angeschuldigten durch den Kommandeur in Gegenwart des Ehrenrats. § 60 Abs. 2.

Der **Tenor** des Spruches hätte im Falle der Z. 3 dahin zu lauten:

daß der Angeschuldigte freizusprechen ist

und in den **Gründen** wäre nach Darstellung des Sachverhältnisses auszuführen, weshalb eine Gefährdung bzw. Verletzung der Standesehre nicht anerkannt werden könne. Vgl. § 59 Abs. 2; vgl. auch § 326 Abs. 4 MStGO. — Zweckmäßig wird es sein, im Tenor statt „Angeschuldigter" oder anschließend an dieses Wort Charge und vollen Namen des Angeschuldigten aufzunehmen.

Wenn neben der Verurteilung wegen eines Anschuldigungspunktes außerdem Freisprechung in einem anderen Punkte erfolgt, muß dies sowohl bei der Abstimmung wie im Tenor des Erkenntnisses zum Ausdruck kommen und darf nicht stillschweigend übergangen werden. Kab. Schr. v. 2/10 99. Der Tenor könnte dann z. B. lauten:

daß der Angeschuldigte von der Anschuldigung der Verletzung der Standesehre freizusprechen, daß er aber der Gefährdung der Standesehre für schuldig zu erachten ist und daß deshalb die Erteilung einer Warnung beantragt wird.

Z. 4. Der **Tenor** des Spruches hätte im Falle der Z. 4 dahin zu lauten:

daß der Angeschuldigte (vgl. Anm. zu Z. 3) der Gefährdung der Standesehre für schuldig zu erachten ist und daß deshalb

die Erteilung einer Warnung beantragt wird,

und in den **Gründen** würde nach Darstellung des Sachverhaltes auszuführen sein, weshalb durch das Verhalten des Angeschuldigten die Standesehre gefährdet worden sei (§§ 1, 2 nebst Anm.), und weshalb das Gericht die Überzeugung gewonnen habe, daß der Angeschuldigte durch das ihm zur Last fallende Verhalten nicht unwürdig geworden sei, im Dienst belassen zu werden. Vgl. § 59 Abs. 2.

§ 52. (Marine: **§ 53.**) **Die Entlassung mit schlichtem Abschied hat den Verlust der Dienststelle; die Entfernung aus dem Offizierstande außerdem noch den Verlust des Offiziertitels zur unmittelbaren Folge.**

Z. 5. Die Entlassung mit schlichtem Abschiede hat den Verlust der Dienststelle zur unmittelbaren Folge. § 52 nebst Anm. Bei inaktiven Offizieren (§ 4 Z. 5) tritt an die Stelle der Entlassung mit schlichtem Abschiede der Verlust des Rechts, die Militäruniform zu tragen. § 53 nebst Anm.

Der Tenor des Spruches hätte im Falle der Z. 5 dahin zu lauten:

daß der Angeschuldigte (vgl. Anm. zu Z. 3) der Verletzung der Standesehre für schuldig zu erachten ist und daß deshalb

seine Entlassung mit schlichtem Abschiede beantragt wird,

und in den Gründen würde nach Darstellung des Sachverhaltes auszuführen sein, weshalb eine Verletzung der Standesehre (§§ 1, 2 nebst Anm.) als vorliegend anzusehen und weshalb es zur Erhaltung der Reinheit dieser Ehre notwendig geworden sei, den Angeschuldigten in seiner Dienststellung nicht zu belassen. Vgl. § 59 Abs. 2.

Wird dem Antrage des Ehrengerichts durch die Allerhöchste Entscheidung entsprochen, so erfolgt ihre Bekanntmachung an den Angeschuldigten durch den Ehrenrat. § 60 Abs. 2.

Z. 6. Die Entfernung aus dem Offizierstande hat den Verlust der Dienststelle und den des Offiziertitels zur unmittelbaren Folge. § 52 nebst Anm. Bei inaktiven Offizieren (§ 4 Z. 5) tritt an die Stelle der Entfernung aus dem Offizierstande der Verlust des Rechts, die Militäruniform zu tragen, sowie der des Offiziertitels. § 53 nebst Anm. Vgl. auch Anm. zu § 3 Abs. 3.

Der Tenor des Spruches im Falle der Z. 6 hätte dahin zu lauten:

daß der Angeschuldigte (vgl. Anm. zu Z. 3) der Verletzung der Standesehre unter erschwerenden Umständen für schuldig zu erachten ist und daß deshalb

seine Entfernung aus dem Offizierstande beantragt wird,

und in den Gründen würde nach Darstellung des Sachverhaltes auszuführen sein, weshalb eine besonders schwere Verletzung der Standesehre (§§ 1, 2 nebst Anm.) dem Sachverhalte zu entnehmen und weshalb es unter den obwaltenden Umständen erforderlich ist, als Sühne für die verletzte Ehre den Angeschuldigten für unwürdig zu betrachten, dem Offizierstande ferner anzugehören. Vgl. § 59 Abs. 2.

Wird dem Antrage des Ehrengerichts durch die Allerhöchste Entscheidung entsprochen, so erfolgt ihre Bekanntmachung an den Angeschuldigten durch den Ehrenrat. § 60 Abs. 2.

§ 52. Folgen der Entlassung mit schlichtem Abschied und der Entfernung aus dem Offizierstande. Vgl. § 51 Z. 5 u. 6 nebst Anm. Wegen der inaktiven Offiziere vgl. § 53. Der mit schlichtem Abschied Entlassene verliert seine Dienststelle, behält aber seinen Titel; er bleibt auch im Besitz der Patente, Orden, Ehrenzeichen usw. Vgl. § 24 MStVB. Die Entfernung aus dem Offizierstande hat sowohl den Verlust der Dienststelle als auch den des Offiziertitels zur Folge. Mit dem Verlust der Dienststelle geht auch der Anspruch auf Pension verloren. Vgl. § 2 Militärpensionsgesetz v. 27/6 71 (RGBl. S. 275).

Entlassung mit schlichtem Abschiede und Entfernung aus dem Offizierstande schließen den Übertritt zur Reserve bzw. Landwehr aus und entbinden von der ferneren Ableistung der Dienstpflicht. § 49 Z. 2 HO.; § 59 Z. 2 MO. — Über die gerichtlichen Strafen der Dienstentlassung und der Entfernung aus dem Heere oder der Marine sowie ihre Folgen vgl. §§ 31, 32 MStGB.

In dem Überweisungsberichte des Generalkommandos usw. zu ehrengerichtlichen Sprüchen ist in jedem einzelnen Falle eine Allerhöchste Entscheidung darüber zu beantragen, ob neben dem auf Entfernung aus dem Offizierstande usw. lautenden Spruche der Verlust der Orden und Ehrenzeichen einzutreten hat. Ist in der Allerhöchsten Bestätigung eines auf Entfernung aus dem Offizierstande oder auf Verlust des Offiziertitels lautenden Spruches die Belassung der Orden usw. ausdrücklich genehmigt, so ist hiermit auch die Belassung der Kriegsdenkmünzen mitverstanden.

Befindet sich der Bestrafte nur im Besitz von Kriegsdenkmünzen, so sind diese ihm zu belassen, falls nicht eine anderweitige Bestimmung ausdrücklich getroffen ist. Kab. Schr. v. 28/3 82; Marine: Kab. Schr. v. 31/8 01. — Wenn der Spruch auf Entfernung aus dem Offizierstande oder auf Verlust des Offiziertitels lautet, ist in betreff der Orden und Ehrenzeichen nicht nur die

§ 53. (Marine: **§ 54.**) Bei inaktiven Offizieren (§ 4 Nr. 5 — Nr. 4 —) tritt an die Stelle der Entlassung mit schlichtem Abschied der Verlust des Rechts, die Militäruniform zu tragen; an die Stelle der Entfernung aus dem Offizierstande außerdem noch der Verlust des Offiziertitels.

§ 54. (Marine: **§ 55.**) Die Abstimmung geschieht derart, daß zuerst der Ehrenrat, dann sämtliche übrige anwesende Mitglieder des Ehrengerichts nach ihrem Dienstalter von unten an, zuletzt der Kommandeur, ihre Stimme dem Ehrenrat abgeben.

Haben mehrere Handlungen oder Unterlassungen desselben Offiziers den Gegenstand der Untersuchung gebildet, so ist gegen den Angeschuldigten, falls er für schuldig befunden wird, stets nur auf eine der in den §§ 51, 53 — §§ 52 und 54 — angegebenen Strafen anzutragen.

Hat das Ehrengericht über mehrere Offiziere einen Spruch zu fällen, so wird zuerst die Abstimmung über einen abgeschlossen und dann die über den andern begonnen.

Jedes Mitglied des Ehrengerichts ist verpflichtet, ein den Bestimmungen der §§ 51, 53 — §§ 52 und 54 — entsprechendes Votum abzugeben. Ist die Ansicht vertreten, daß das Ehrengericht nicht zuständig sei, oder daß die Verhandlungen zu vervollständigen seien, so ist zuerst hierüber abzustimmen.

Allerhöchste Entscheidung zu beantragen, sondern jedesmal ein bestimmter Antrag auf Verlust oder Belassung zu stellen. Kab. Schr. v. 28/3 82; Marine: Kab. Schr. v. 31/8 01. — Die Erinnerungsmedaille an des Kaisers und Königs Wilhelm des Großen Majestät und das Jerusalemkreuz sind als Denkmünzen im Sinne von Kriegsdenkmünzen anzusehen. Kab. Schr. v. 2/10 99; Marine: Kab. Schr. v. 31/8 01.

§ **53.** Strafen gegen inaktive Offiziere. Vgl. §§ 51 Z. 5 u. 6, 52 nebst Anm. Nach § 4 Z. 5 (vgl. Anm. dazu) sind den Ehrengerichten unterworfen die mit Pension zur Disposition gestellten und die unter Verleihung der Befugnis, Militäruniform zu tragen, verabschiedeten Offiziere. — Der Spruch des Ehrengerichts hat also gegen einen inaktiven Offizier im Falle des § 51 Z. 5 auf Schuldig der Verletzung der Standesehre unter Beantragung des Verlustes des Rechts, die Militäruniform zu tragen; im Falle der Z. 6 auf Schuldig der Verletzung der Standesehre unter erschwerenden Umständen unter Beantragung des Verlustes des Rechts, die Militäruniform zu tragen, sowie des Verlustes des Offiziertitels, zu lauten. — Ist das Recht, die Militäruniform zu tragen, genommen, so hört selbstverständlich auch die Stellung zur Disposition auf. Abgesehen von der der Allerhöchsten Stelle vorbehaltenen Entscheidung bezüglich des Verlustes bzw. der Belassung der Orden, Ehrenzeichen, Denkmünzen usw. (vgl. Kab. Schr. 28/3 82 u. 2/10 99 in Anm. zu § 52) treten weitere Folgen nicht ein, insbesondere wird die Pension nicht berührt.

§ **54.** Hergang bei der Abstimmung. Vgl. § 50 Abs. 1, 3 u. 4 nebst Anm. Über die Entstehung eines gültigen Spruches s. § 57 Abs. 1. Wenn Stimmengleichheit eintritt, s. § 57 Abs. 2. Das Ergebnis der Abstimmung wird dem Ehrengericht sofort mitgeteilt. § 58. Vgl. auch Anm. zu § 44. — Über die Abstimmung beim gerichtlichen Verfahren vgl. §§ 320—325 MStGO.

Abs. 1. Ehrenrat: §§ 15 ff., 21; Mitglieder des Ehrengerichts: §§ 5, 6, 43; Kommandeur: §§ 12, 13 Abs. 2. Wer vom Ehrenrat zuerst zu stimmen hat, ist nicht gesagt. Eine Abstimmung nach dem Dienstalter von unten auf, ist für ihn nicht vorgeschrieben; der Präses kann also zuerst stimmen. — Über die Art der Stimmenabgabe vgl. Abs. 4 u. § 50 Abs. 3 nebst Anm. Der Hergang wird sich im übrigen, wie folgt, abspielen. Nachdem der Kommandeur die Aufforderung gemäß § 50 Abs. 1 an die Mitglieder gerichtet und erklärt hat, daß nunmehr die Abgabe der Stimmen zu erfolgen habe, werden zunächst die Mitglieder des Ehrenrats von ihm veranlaßt zu stimmen. Sodann geben die übrigen Mitglieder ihre Stimme ab, indem zweckmäßig ihr Aufruf nach dem Dienstalter von unten auf erfolgt. Zuletzt stimmt der Kommandeur. Der Inhalt jeder einzelnen Abstimmung wird von dem das Protokoll

§ 55. (Marine: **§ 56.**) Hält die Mehrheit der Stimmenden das Ehrengericht für nicht zuständig, so ist auf dem Instanzenwege Meine Entscheidung einzuholen.

Ist nur eine Minderheit der Stimmenden dieser Ansicht, so sind dieselben dennoch verpflichtet, über Schuld oder Nichtschuld des Angeschuldigten nach Maßgabe der §§ 51, 53 — §§ 52 und 54 — ihre Stimme abzugeben.

§ 56. (Marine: **§ 57.**) Hält die Mehrheit der Stimmenden dafür, daß die Untersuchung zu vervollständigen sei, so ist das hiernach Erforderliche durch den Kommandeur zu veranlassen, und die definitive Abstimmung, bis dies geschehen, auszusetzen.

Ist nur die Minderheit der Stimmenden dieser Ansicht, so sind dieselben denn-

---

führenden Mitgliede des Ehrenrates aufgenommen, und jeder Stimmende hat an der betreffenden Stelle des Protokolls seinen Namen hinzuzuschreiben. Nach beendigter Abstimmung nimmt der Ehrenrat die Berechnung vor, wobei er gemäß § 57 zu verfahren hat, und meldet sodann das Ergebnis dem Kommandeur, der dies darauf dem Ehrengericht mitteilt und die Mitglieder zur Verschwiegenheit gemäß § 58 verpflichtet. — Wenn ein Infanterie- oder Artillerieregiment verschiedene Garnisonen hat, vgl. § 44 nebst Anm.

Stellt sich während der Abstimmung heraus, daß sich eine Stimme für Unzuständigkeit des Ehrengerichts oder Vervollständigung der Untersuchung erklärt (§ 51 Z. 1 u. 2), so ist die Abstimmung zu unterbrechen und zunächst zu ermitteln, ob sich eine Mehrzahl der Stimmen für diese Ansicht ergibt. Zu diesem Zwecke wird der Kommandeur zweckmäßig alle diejenigen, welche der Ansicht, daß das Ehrengericht unzuständig bzw. daß die Untersuchung zu vervollständigen sei, beipflichten, auffordern, eine Hand zu erheben oder vorzutreten. Bleibt die Ansicht in der Minderheit, so ist die Frage erledigt und der Kommandeur veranlaßt nunmehr die Fortsetzung der Abstimmung über die Schuldfrage, wobei er den in der Minderheit gebliebenen Mitgliedern bedeutet, daß sie jetzt verpflichtet seien, über Schuld oder Nichtschuld des Angeschuldigten nach Maßgabe der §§ 51 Z. 3—6, 53 ihre Stimmen abzugeben. Vgl. §§ 55, 56 nebst Anm. Nachdem dies geschehen ist, darf eine Stimme auf Unzuständigkeit bzw. Vervollständigung der Untersuchung nicht mehr abgegeben werden; sie ist vom Ehrenrat nicht mehr entgegen zu nehmen.

Abs. 2. Vgl. § 40 nebst Anm. Strafen sind nur enthalten in § 51 Z. 4—6 u. in § 53. Wenn also der Angeschuldigte in dem einen Falle der Gefährdung, in dem anderen der Verletzung der Standesehre für schuldig erachtet wird, so ist demnach allein nach Z. 5 des § 51 die Entlassung mit schlichtem Abschiede bzw. nach § 53 der Verlust des Rechts, die Militäruniform zu tragen, zu beantragen. Es kann auch eine Gefährdung in zwei Fällen dem Gericht als eine Verletzung erscheinen und deshalb der Antrag zusammenfassend gemäß Z. 5 bzw. 6 § 51 gestellt werden. — Die verwirkte höhere Strafe nimmt die niedrigere in sich auf. Vgl. auch Anm. zu § 51 Z. 3.

Abs. 3. Der Abs. 3 kommt z. B. auch in den Fällen des § 32 in Frage. Jedenfalls muß eine gemeinsame Handlung oder Unterlassung gegeben sein. In welcher Reihenfolge über die mehreren Angeschuldigten d. h. über welchen der Angeschuldigten zuerst, über welchen zu zweit usw. abzustimmen ist, liegt in der Hand des Kommandeurs. Jede einzelne Abstimmung geht, wie in Abs. 1 angegeben ist, vor sich.

Abs. 4. Vgl. Anm. zu Abs. 1 sowie zu § 50 Abs. 3; vgl. ferner §§ 55, 56 nebst Anm. Die Verpflichtung ist auch hier eine Ehrenangelegenheit. Vgl. Anm. zu § 46 Abs. 4.

§ **55.** Abstimmung über Zuständigkeit des Ehrengerichts. Vgl. §§ 51 Z. 1, 54 Abs. 1 u. 4 nebst Anm. Sachliche Zuständigkeit: § 32; subjektive (persönliche) Zuständigkeit: § 4; allgemeine: § 31 Abs. 1; Zuständigkeit durch Verweisung: §§ 31 Abs. 2, 47 Abs. 2 u. 3. Bestimmung eines gemeinschaftlichen Ehrengerichts: § 32; außerordentliches Ehrengericht während des Kriegszustandes: § 48. Vgl. auch § 33.

Abs. 1. Über den Tenor und die Begründung des Spruches s. Anm. zu § 51 Z. 1; wegen der Mehrheit vgl. § 57 und bezüglich des Instanzenweges s. Anm. zu § 30.

Abs. 2. Über den Hergang vgl. Anm. zu § 54 Abs. 1; über die Verpflichtung Anm. zu § 54 Abs. 4, § 46 Abs. 4.

noch verpflichtet, über Schuld oder Nichtschuld des Angeschuldigten nach Maßgabe der §§ 51, 53 — §§ 52 und 54 — ihre Stimme abzugeben.

§ 57. (Marine: **§ 58.**) Ein gültiger Spruch des Ehrengerichts entsteht, wenn mehr als die Hälfte der Stimmenden ein gleichlautendes Votum abgegeben haben. Ist dies nicht der Fall, so werden die für die härteste Ansicht abgegebenen Stimmen der oder den nächst milderen bis zur Erlangung der absoluten Stimmenmehrheit zugezählt und gilt alsdann das auf diese Weise erlangte Ergebnis als Spruch des Ehrengerichts.

Bei Stimmengleichheit entscheidet die Stimme des Kommandeurs.

§ 58. (Marine: **§ 59.**) Das Ergebnis der Abstimmung wird dem Ehrengericht sofort mitgeteilt. Die Mitglieder desselben werden sodann zur Verschwiegenheit über die Verhandlungen bis nach erfolgter Bekanntmachung des Spruchs an den Angeschuldigten mit dem Hinzufügen aufgefordert, daß, wer hiergegen handelt, eine Pflicht des Offizierstandes verletzt; das Protokoll wird geschlossen und die Versammlung entlassen.

---

§ 56. Abstimmung über Vervollständigung der Untersuchung. Vgl. §§ 51 Z. 2, 54 Abs. 1 u. 4 nebst Anm. Ehrengerichtliche Untersuchung: §§ 34—41.

Abs. 1. Über den Tenor und die Begründung des Spruches s. Anm. zu § 51 Z. 2, wegen der Mehrheit vgl. § 57. Einer Ausfertigung des Spruches (§ 59) bedarf es hier nicht. — Kommandeur: §§ 12, 13 Abs. 2. Das Erforderliche wird veranlaßt, indem der Kommandeur dem Ehrenrat, der die Untersuchung geführt hat, den Auftrag erteilt, gemäß den vom Ehrengericht in den Gründen des Spruches aufgestellten Gesichtspunkten die Untersuchung zu vervollständigen. Für diese Vervollständigung sind die §§ 34—41 maßgebend. Am Schlusse der neu eröffneten Untersuchung muß der Angeschuldigte neuerdings gehört, ihm auch eine neue Präklusivfrist von acht Tagen zur Ergänzung seiner Verteidigungsschrift gewährt werden. § 41 nebst Anm. Nach Ablauf der Frist wird dann wieder gemäß §§ 42 ff. zur Spruchsitzung geschritten.

Abs. 2. Über den Hergang vgl. Anm. zu § 54 Abs. 1, über die Verpflichtung Anm. zu § 54 Abs. 4, § 46 Abs. 4.

§ 57. Entstehung des ehrengerichtlichen Spruches. Vgl. § 322 MStGO. Im Hinblick auf die Worte „die härteste Ansicht" in Abs. 1 scheint sich § 57 nur auf § 57 Z. 3—6 zu beziehen. — Über die zu einem gültigen Spruch erforderliche Zahl der Abstimmenden vgl. § 47 nebst Anm.

Abs. 1. Für einen jeden Spruch des Ehrengerichts wird nach Abs. 1 absolute Stimmenmehrheit — bei der Anwesenheit von neun Stimmberechtigten also die Übereinstimmung von mindestens fünf — verlangt. Vgl. auch §§ 55 Abs. 1, 56 Abs. 1. Gehen die Stimmen auseinander, sind z. B. von den neun Stimmen zwei für Gefährdung der Standesehre (§ 51 Z. 4), vier für Schuldig der Verletzung der Standesehre (§ 51 Z. 5) und drei für Schuldig der Verletzung der Standesehre unter erschwerenden Umständen (§ 51 Z. 6), so würden die drei letzten Stimmen d. h. die für die härteste Ansicht abgegebenen den vier für Schuldig der Verletzung der Standesehre abgegebenen d. h. den nächst milderen zugezählt und dadurch die absolute Mehrheit der Stimmen (7) gegenüber den zwei Stimmen, die für Gefährdung der Standesehre eintraten, erlangt werden.

Die Auszählung der Stimmen erfolgt durch den Ehrenrat. Vgl. Anm. zu § 54 Abs. 1. Wenn Stimmengleichheit eintritt, s. Abs. 2.

Abs. 2 hat offenbar den Sinn, daß bei Stimmengleichheit dort das Übergewicht liegen soll, wo sich die Stimme des Kommandeurs (§§ 12, 13 Abs. 2) befindet, die zuletzt abgegeben wird (§ 54 Abs. 1; vgl. jedoch auch Anm. zu § 44). Wenn also von zwanzig Stimmen sich zehn für Schuldig der Verletzung der Standesehre, zehn für Schuldig derselben Verletzung unter erschwerenden Umständen entschieden haben und der härteren Ansicht der Kommandeur zugestimmt hat, so ist diese durchgedrungen und der Spruch nach § 51 Z. 6 gefällt.

§ 58. Schluß der Spruchsitzung. Ergebnis der Abstimmung: §§ 55

§ 59. (Marine: **§ 60.**) Demnächst läßt der Kommandeur durch den Ehrenrat den Spruch des Ehrengerichts in Form eines Erkenntnisses ausfertigen.

Die Ausfertigung muß außer dem Spruch des Ehrengerichts die nötigen Nachrichten über die persönlichen Verhältnisse des Angeschuldigten, eine Darstellung des Sachverhalts und die Angabe der Entscheidungsgründe enthalten. Dieselbe wird, nebst den Akten und einem kurzen Aktenauszug, durch denjenigen Befehlshaber, der das Ehrengericht angeordnet hatte, im Instanzenwege — in Berlin durch den Chef des Admiralstabes der Marine — Meiner Entscheidung unterbreitet.

Die Befehlshaber, durch deren Hand die Ausfertigung des Spruchs des Ehrengerichts hierbei geht, haben sich darüber, ob sie demselben beitreten oder nicht, eingehend zu äußern und zugleich ihre etwaigen wesentlichen Ausstellungen gegen die formelle Behandlung der Sache zu Meiner Kenntnis zu bringen.

Abs. 1, 56 Abs. 1, 57. Die Mitteilung erfolgt, nachdem das Ergebnis vom Ehrenrat gemeldet worden ist, durch den Kommandeur. Wenn ein Infanterie- oder Artillerieregiment verschiedene Garnisonen hat, s. Anm. zu § 44. — Bekanntmachung des Spruches an den Angeschuldigten: § 60 nebst Anm. — Wer die Pflicht des Offizierstandes verletzt (vgl. §§ 1, 2), setzt sich der Gefahr ehrengerichtlicher Verfolgung aus.

Über das Protokoll und seinen Abschluß vgl. § 50 Abs. 3 nebst Anm. Die Entlassung der Versammlung erfolgt durch den Kommandeur.

§ **59.** Ausfertigung des Spruches und Vorlage an Allerhöchster Stelle.

Abs. 1. Kommandeur: §§ 12, 13 Abs. 2; Ehrenrat: §§ 14ff. Hier kommt natürlich derjenige Ehrenrat in Frage, welcher die Untersuchung geführt (§ 34) und bei der Spruchsitzung mitgewirkt hat (§ 50). — Wegen der Form der Ausfertigung vgl. Beilage VIII, aber auch Anm. zu § 51. Vgl. übrigens auch § 326 MStGO.

Abs. 2. Vgl. §§ 326, 336 MStGO. Die Ausfertigung des Spruches hat zu erfolgen in den Fällen der Z. 1 u. 3—6 des § 51, während die Z. 2 sie nicht verlangt. Vgl. Anm. zu §§ 51, 55, 56. — Wegen der Personalien des Angeschuldigten vgl. Anm. zu § 36 Abs. 2. Nachdem die Darstellung des Sachverhaltes gegeben und dabei ausgeführt worden ist, auf welche Grundlagen hin (Zeugenaussagen, Geständnis) der geschilderte Sachverhalt als erwiesen angenommen worden ist, bedarf es der Erörterung, weshalb die Sachdarstellung eine Gefährdung oder Verletzung der Standesehre — ev. unter erschwerenden Umständen — zu entnehmen, oder, wenn Freisprechung erfolgt ist, weshalb die Standesehre durch das Verhalten des Angeschuldigten als nicht berührt anzusehen ist.

Wegen des Aktenauszuges vgl. Beilage IX. Über den Aktenauszug, der zu fertigen ist zum Zwecke der Bestätigung strafgerichtlicher Urteile durch die Allerhöchste Stelle vgl. AB. zu § 418 unter 4 u. Bfg. des Pr. KM. v. 27/3 02 Nr. 91/3 02 C. 3. — Befehlshaber, der das Ehrengericht angeordnet hat: § 28. Der Kommandeur übersendet die Ausfertigung des Spruches nebst Akten und Aktenauszug dem Befehlshaber. Selbstverständlich dürfen dabei die militärischen Zwischeninstanzen (z. B. die Brigade) nicht übergangen werden. Sie haben aber nach Kenntnisnahme, ohne sich weiter zu äußern (vgl. Abs. 3), lediglich einen Durchgangsvermerk auf die Vorlage zu setzen. Dies entspricht auch dem bisher beobachteten und Allerhöchsten Orts nicht gemißbilligtem Brauche in der Armee. Vgl. Solms Anm. 2 zu § 59. — Über den Instanzenweg vgl. im übrigen Anm. zu § 30.

Erkenntnis und Aktenauszug sind den Akten nicht beizuheften, sondern lose mit einzusenden. Vgl. Beilage X. Beide müssen von sämtlichen Mitgliedern des Ehrenrats mit ihrer Unterschrift vollzogen werden.

Abs. 3. Als Befehlshaber kommen diejenigen, welche das ehrengerichtliche Verfahren angeordnet haben (§ 28), und die ihnen übergeordneten in Betracht. Sie haben die Ausfertigung des Spruches und das Aktenmaterial nach zwei Richtungen hin zu prüfen. Einmal im Hinblick darauf, ob auf Grund des gegebenen Sachverhalts, des Aktenstoffes und aller obwaltenden Umstände der Spruch überhaupt oder in der Art, wie er ergangen ist, gerechtfertigt erscheint, ob er sich materiell rechtfertigen läßt; ein anderes Mal nach der Seite, ob das Ver-

§ 60. (Marine: **§ 61.**) Die Entscheidung, welche Ich auf Grund des Mir vorgelegten Spruchs des Ehrengerichts treffe, ist dem Angeschuldigten gleichzeitig mit demselben bekannt zu machen.

Lautet Meine Entscheidung auf Freisprechung oder auf eine Warnung, so erfolgt die Bekanntmachung durch den Kommandeur in Gegenwart des Ehrenrats; in allen anderen Fällen erfolgt dieselbe durch den Ehrenrat.

---

fahren ordnungsmäßig unter Beachtung der in der VO. gegebenen Bestimmungen seine Erledigung gefunden hat, ob also formell richtig verfahren ist. Ist z. B. dem Angeschuldigten die Frist des § 41 Abs. 4 nicht offen gelassen worden, ist eine Ausschließung von Mitgliedern des Ehrengerichts im Sinne des § 46 nicht erfolgt oder die beantragte grundlos abgelehnt worden, ist die Abstimmung nicht vorschriftsmäßig vor sich gegangen (§§ 54, 57), so würden entsprechende Ausstellungen zu machen sein.

Da eine eingehende Äußerung verlangt wird, so wird dies meistens in Form eines ausführlicheren Gutachtens zu geschehen haben.

§ 60. Bekanntmachung der Allerhöchsten Entscheidung und des ehrengerichtlichen Spruches an den Angeschuldigten. Vgl. § 59 Abs. 2 nebst Anm.

Abs. 1. Die Allerhöchste Entscheidung wird getroffen in den Fällen der Z. 1, 3—6 des § 51. Vgl. §§ 55 Abs. 1, 59 Abs. 2 nebst Anm. — Die Bekanntmachung erstreckt sich auf die Allerhöchste Entscheidung und den ehrengerichtlichen Spruch mit den Gründen. Darüber, daß dies geschehen, ist ein Protokoll aufzunehmen, das vom erschienenen Angeschuldigten mit z vollziehen ist.

Wenn die Allerhöchste Entscheidung — abgesehen von oben bezeichneten Fällen — auf Aufhebung des ergangenen Spruches und Überweisung der Sache an ein anderes Ehrengericht zu anderweitigem Spruche lautet (vgl. Anm. zu §§ 31 Abs. 2, 46 Abs. 1), so ist dem Angeschuldigten nur diese Entscheidung, nicht auch der aufgehobene Spruch bekannt zu machen.

Insoweit es sich um Offiziere als Angeschuldigte handelt, die der Militärstrafgerichtsbarkeit (§§ 1 ff. MStGO.) und der Disziplinarstrafgewalt unterstehen, so sind die erforderlichen gesetzlichen Handhaben geboten, um sie zum Erscheinen zum Zwecke der Bekanntmachung zu nötigen. Vgl. insbesondere §§ 92, 94, 113 MStGB.; § 3 Abs. 2 Z. 1 EG. z. MStGB.; § 1 Z. 2 DStO. Gegenüber den verabschiedeten Offizieren, die den Ehrengerichten zwar unterworfen sind (§ 4 Z. 5), im übrigen aber einer militärischen Strafgewalt nicht mehr unterstehen, gibt es kein Mittel, ihr Erscheinen zu erzwingen. Auch einem um Bekanntmachung ersuchten Gericht — ein Zivilgericht damit zu betrauen, würde außerdem unzulässig sein (Solms Anm. 4 zu § 60) — stände keine Handhabe zur Verfügung, den sich Weigernden zum Erscheinen zu veranlassen. Es bliebe also nichts anderes übrig, als eine Zustellung beglaubigter Abschriften durch die Post (mittels eingeschriebenen Briefes) zu bewirken. Vgl. Anm. zu Abs. 2 u. zu § 35 Abs. 1. Ist nicht schon die höchste Strafe (§ 53) gegen einen solchen Offizier ausgesprochen, so könnte allerdings noch in Erwägung gezogen werden, ob die Hartnäckigkeit der Weigerung, vor dem Kommandeur bzw. dem Ehrenrat zu erscheinen, nicht neuerdings Anlaß zum ehrengerichtlichen Einschreiten bieten könnte.

Abs. 2. Freisprechung: § 51 Z. 3; Warnung: § 51 Z. 4; Kommandeur: §§ 12, 13 Abs. 2; alle andere Fälle: § 51 Z. 1, 5, 6; vgl. auch § 55 Abs. 1 u. oben Anm. zu Abs. 1. In erster Reihe kommt der Ehrenrat in Frage, der die Untersuchung geführt und in der Spruchsitzung mitgewirkt hat. Hat dieser aber einen anderen Garnisonort, als der Kommandeur, so würde bei der Bekanntmachung durch den Kommandeur der in dessen Standort befindliche Ehrenrat mitzuwirken haben. Die AKO. v. 5/2 78 bestimmt im übrigen zur Vereinfachung Folgendes:

„In den Fällen, wo der Angeschuldigte mit dem Kommandeur und dem Ehrenrat nicht an demselben Orte befindlich ist, ist dem Angeschuldigten der ehrengerichtliche Spruch nebst der Allerhöchsten Entscheidung, sofern sie auf Freisprechung oder auf Warnung lautet, durch den Kommandeur mittels Übersendung beglaubigter Abschrift durch die Post zu eröffnen. In allen anderen Fällen hat die Publikation auf das vom Kommandeur zu stellende Ersuchen durch den dem Aufenthaltsort des Angeschuldigten am nächsten befindlichen Ehrenrat, ev. das nächste Militärgericht mündlich zu Protokoll zu erfolgen."

§ 61. (Marine: **§ 62.**) Nach der Bekanntmachung an den Angeschuldigten erfolgt durch den Kommandeur die Mitteilung des Spruchs des Ehrengerichts nebst Meiner Entscheidung (§ 60) — (Mar.: § 61) — und, wenn es gewünscht wird, der Akten an diejenigen Militär — Marine — -Vorgesetzten des Angeschuldigten, welche bei dem Ehrengericht nicht mitgewirkt haben. Ist der Angeschuldigte ein inaktiver (§ 4 Nr. 5 — Mar.: Nr. 4 —) oder ein dem Beurlaubtenstande angehöriger Offizier, der zugleich als Beamter im Reichs- oder Staatsdienst angestellt ist, so ist eine Abschrift der Ausfertigung des Spruchs des Ehrengerichts und Meiner Entscheidung der ihm vorgesetzten Dienstbehörde zu übersenden und auf Verlangen nähere Auskunft über die Veranlassung des Spruchs zu erteilen.

Außerdem ist dem Offizierkorps — den Mitgliedern des Ehrengerichts —, welches — welche — den ehrengerichtlichen Spruch gefällt hat — haben —, von Meiner Entscheidung Kenntnis zu geben; auch kann auf besonderen Antrag denjenigen Offizieren, die an der Untersuchung als Ankläger oder Zeugen Teil genommen haben, und denjenigen Behörden, von denen etwa die Anschuldigung ausgegangen ist, von dem Ausgang der Sache Kenntnis gegeben werden.

„Geschieht die Publikation mittels Zusendung durch die Post, so ist darüber eine Bescheinigung zu den Akten zu bringen."

Die Übersendung durch die Post hat mittels eingeschriebenen Briefes zu erfolgen; die Postquittung kommt zu den Akten.

Bezüglich der Reisekosten vgl. Anm. zu § 24 Abs. 3.

Wenn ein ehrengerichtlicher Spruch einem Offizier des Beurlaubtenstandes durch den Ehrenrat zu publizieren und dieser nicht in seinen sämtlichen Mitgliedern (einschließlich der Stellvertreter) im Stabsquartier des Kommandeurs vertreten ist, wohl aber dort ein Linientruppenteil in Garnison steht, so ist dessen Ehrenrat von dem Bezirkskommandeur um Veranlassung der Publikation zu ersuchen. Vfg. des Pr. KM. v. 27/10 81. 307/10 M.-O.-D. 3. Dieser Ehrenrat würde dementsprechend auch hinzuzuziehen sein, wenn die Bekanntmachung durch den Kommandeur in Gegenwart des Ehrenrats zu erfolgen hat. — Wenn ein Angeschuldigter vor der Publikation eines gegen ihn ergangenen Spruchs, der die mündliche Bekanntmachung durch den Ehrenrat erfordert, das Deutsche Reich dauernd verlassen hat, so ist die Allerhöchste Entscheidung darüber einzuholen, ob die Publikation auf andere Weise erfolgen, oder der Betreffende in den Listen der Offiziere gestrichen werden soll. Solms Anm. 6 zu § 60.

§ 61. Weitere Mitteilungen nach Bekanntmachung des Spruchs an den Angeschuldigten.

Abs. 1. Bekanntmachung an den Angeschuldigten: § 60; Kommandeur: §§ 12, 13 Abs. 2. Die Mitteilung erfolgt durch Übersendung der Urschrift des Spruches und der Allerhöchsten Entscheidung (ev. mittels eingeschriebenen Briefes) unter der Auflage baldiger Rückgabe. Die Akten werden nur beigefügt bzw. nachgesandt, wenn es gewünscht wird. Vgl. § 37.

Die Übersendung einer Abschrift der Ausfertigung des Spruches und der Allerhöchsten Entscheidung an die dem Beamten vorgesetzte Dienstbehörde erfolgt schon im Hinblick auf die Vorschrift der Disziplinargesetze, nach der ein Beamter disziplinarisch verfolgt werden kann, wenn er durch sein Verhalten in oder außer dem Amte des Ansehens oder des Vertrauens, die sein Beruf erfordert, sich unwürdig zeigt. Vgl. Pr. Ges. v. 21/7 52 betr. die Dienstvergehen der nicht richterlichen Beamten usw. (GS. S. 465), dazu VO. v. 23/9 67 (GS. S. 1613) u. Ges. v. 9/4 79 (GS. S. 345); §§ 72—133 RBG.; Pr. Ges. betr. die Dienstvergehen der Richter usw. v. 7/5 51 (GS. S. 218), dazu Ges. v. 26/3 56 (GS. S. 201) u. v. 9/4 79 (GS. S. 345); RDG. § 1. Hierzu ist eine unter dem 24/6 80 durch das Militärkabinett mitgeteilte Allerhöchste Deklaration dahin ergangen, daß den fraglichen Dienstbehörden eine vollständige Abschrift der ganzen Ausfertigung des ehrengerichtlichen Spruchs mit Einschluß der dazu gehörigen Darstellung des Sachverhalts und der Entscheidungsgründe nicht mitzuteilen ist. Die qu. Mitteilung hat sich vielmehr in der Regel auf eine Abschrift des Spruchtenors (ohne Gründe) und der Allerhöchsten

§ 62. (**Marine: § 63.**) Gegen einen ehrengerichtlichen Spruch, über welchen Ich Entscheidung getroffen habe, ist nur mit Meiner Genehmigung ein weiteres Verfahren zulässig und behalte Ich Mir vor, darüber eintretendenfalls das Weitere zu bestimmen.

Beilagen.

Beilage I.

Bestimmungen über die Vernehmung des Angeschuldigten.*)

Die Vorladung des Angeschuldigten erfolgt, nach seitens des Kommandeurs erhaltenem Auftrage, durch den Ehrenrat.

Wenn die Suspension des Angeschuldigten vom Dienst nicht eingetreten ist, so ist dem direkten Vorgesetzten desselben von der geschehenen Vorladung Kenntnis zu geben.

Vor der Vernehmung ist der Angeschuldigte zur Aussage der Wahrheit zu ermahnen.

Die Aussage ist in direkter Redeform niederzuschreiben.

Ist die Einleitung der (förmlichen) ehrengerichtlichen Untersuchung angeordnet, so ist dem Angeschuldigten durch Verlesen der bezüglichen Verfügung bekannt zu machen, welche strafbaren Handlungen ihm zur Last gelegt werden und den Gegenstand der Untersuchung bilden sollen.

Nachdem durch Aufnahme der Beweise der Tatbestand völlig klargestellt ist, ist der Angeschuldigte mit dem Ergebnis der Untersuchung durch Mitteilung des wesentlichen Inhalts der Akten bekannt zu machen und zu befragen, ob er noch etwas zur Sache anzuführen habe oder die Akten für geschlossen halte. Gleichzeitig ist ihm zu eröffnen, bei welchem Ehrengericht über ihn gesprochen werden soll, und er darüber zu vernehmen, ob er Einwendungen gegen Mitglieder des Ehrengerichts zu erheben hat.

Schließlich ist der Angeschuldigte nach Anleitung des § 41 der Verordnung darüber zu belehren, daß und in welcher Weise er sich verteidigen darf. Daß dies geschehen, ist in dem Schlußprotokoll zu vermerken.

Beilage II.

Muster zur Vorladung von Zeugen.**)

Ort und Datum.

An
den Kaufmann Herrn R.
Wohlgeboren
hier.
...... Straße Nr.

In der Untersuchungssache wider den Leutnant — zur See — B. ist Ihre Vernehmung als Zeuge erforderlich und werden Sie daher zu dem am 7. d. Mts.

Entscheidung zu beschränken. Wird demnächst nähere Auskunft über die Veranlassung des Spruchs verlangt, so ist eine Angabe des als Resultat der Untersuchung tatsächlich festgestellten Sachverhalts, aber auch dann nicht in der Form einer Abschrift des betr. Inhalts der Spruchausfertigung zu erteilen. Eine Mitteilung der Gründe, welche die vom Ehrengericht getroffene Entscheidung motivieren, ist unter allen Umständen zu vermeiden.

Abs. 2. Offizierkorps, welches den ehrengerichtlichen Spruch gefällt hat: §§ 5, 6, 42, 43. Die Bekanntgabe an das Offizierkorps erfolgt mündlich in einer durch den Kommandeur (im Falle des § 44 auch durch den Bataillons- bzw. Abteilungskommandeur) zu berufenden Versammlung aller, auch der ausgeschlossen gewesenen (§ 46) Offiziere. — Ankläger s. § 22; Zeugen: §§ 35 Abs. 1, 36 Abs. 2. Die Mitteilung über den Ausgang der Sache erfolgt entweder auch mündlich oder — insbesondere an die Behörde, von der etwa die Anschuldigung ausgegangen ist, — durch eine kurze Zuschrift.

§ 62. Vgl. §§ 55 Abs. 1, 60. Vorlage im Instanzenwege s. §§ 59 Abs. 2, 30 nebst Anm.

*) Vgl. hierzu §§ 35, 36, 41, 46 nebst Anm. **) Vgl. hierzu § 35 nebst Anm.

vormittags 10 Uhr in der Wohnung des Hauptmanns — Kapitänleutnants — P. — Straße Nr.. anberaumten Termin unter der Verwarnung vorgeladen, daß im Falle Ihres Nichterscheinens die gesetzlichen Folgen eintreten würden.

Das Gericht
des xten . . . . . Regiments Nr. . . .
der nten . . . . . . Matrosendivision

v. N. v. Z.
Oberst und Regimentskommandeur. Leutnant und Gerichtsoffizier.
Kapitän zur See und Kommandeur.

(Wird dieser Vorladung keine Folge geleistet, so ist die Gestellung des Zeugen durch das Gericht, bei dem er seinen ordentlichen persönlichen Gerichtsstand hat, zu veranlassen.)

Beilage III.

Bestimmungen über die Vernehmung von Zeugen durch den Ehrenrat.*)

Offiziere und Sanitätsoffiziere, welche als Zeugen vernommen werden, versichern die Richtigkeit ihrer Aussagen auf Ehre und Pflicht; alle anderen Zeugen haben ihre Aussagen erforderlichenfalls durch Ableistung des vorgeschriebenen Eides zu bekräftigen. Die Vereidigung geschieht durch ein Militär-(Regiments- usw.) Gericht — ein Gericht der Marine oder des Heeres (Kriegsgerichtsrat oder Gerichtsoffizier) — oder dazu zu requirierendes Zivilgericht — durch ein zu ersuchendes Amtsgericht —.

Vor der Vernehmung ist der Zeuge zur Aussage der Wahrheit zu ermahnen, auf die Heiligkeit des Eides zu verweisen, vor dem Meineide zu verwarnen, mit den allgemeinen Zeugenfragen bekannt und besonders darauf aufmerksam zu machen, daß der von ihm zu leistende Zeugeneid sich auch auf die Beantwortung der allgemeinen Zeugenfragen erstrecke. Demnächst ist der Zeuge zur Sache zu vernehmen und hierbei darauf zu achten, daß er nur über ihm bekannte Tatsachen aussagt. Betrifft die Aussage Tatsachen, die er nicht aus eigener Wahrnehmung kennt, so ist derselbe darüber zu befragen, wie und auf welche Weise ihm dieselben bekannt geworden sind.

Die Aussage ist in direkter Redeform niederzuschreiben.

Am Schluß hat der Zeuge zur Ableistung des Eides sich zu erbieten.

Wird ein bereits vereidigter Zeuge nochmals vernommen, so braucht er den Zeugeneid nicht zum zweitenmal zu leisten, sondern nur am Schluß der Vernehmung zu erklären, daß er die Richtigkeit seiner neuen Aussage auf den bereits geleisteten Zeugeneid versichert (dieser Absatz fällt für Marine fort).

Sind mehrere Zeugen zu vernehmen, so dürfen ihnen gemeinschaftlich nur die allgemeinen Zeugenfragen vorgelegt werden, dagegen ist ein jeder zur Sache selbst allein zu vernehmen.

Bei Requisitionen an Gerichte um Vernehmung von Zeugen ist in der Requisition genau anzugeben, über welche Punkte die Vernehmung erfolgen soll, sowie ob die Zeugen nur pro informatione oder eidlich zu vernehmen sind.

Beilage IV.

Muster zu einem Protokoll über die Vernehmung des Angeschuldigten.)**

Verhandelt (Ort und Datum).

Auf Befehl des Königlichen Obersten und Kommandeurs des xten . . . . . Regiments, — Kaiserlichen Kontreadmirals und Inspekteurs de . . . . . . — Herrn v. N., erscheint heute vor dem unterzeichneten Ehrenrat der

---

*) Vgl. hierzu §§ 35, 36 nebst Anm.; ferner §§ 192—194, 196, 201 MStGO.

**) Vgl. hierzu § 36 nebst Anm.

Leutnant — zur See — B. und läßt sich, mit der wider ihn erhobenen Anklage bekannt gemacht, zur Aussage der Wahrheit ermahnt, vernehmen, wie folgt:

Zur Person: Ich heiße Gustav B., bin . . Jahre alt, evangelisch, Sohn des Majors B., auf dem Gymnasium zu H. gebildet, am . . . ten . . . . . . 18 . . als dreijährig Freiwilliger — Seekadett — in das xte Regiment Nr. — die Kaiserliche Marine — . . . eingetreten, am . . ten . . . . . . 18 . . zum Portepeefähnrich — Fähnrich zur See — und am . . . ten . . . . 18 . . zum Offizier — Leutnant zur See — befördert.

(Es folgen nunmehr die von dem Angeschuldigten erforderten Angaben: ob und an welchem Feldzuge er teilgenommen; ob und welche Orden oder Ehrenzeichen er besitze; ob und wie er bereits gerichtlich, ehrengerichtlich oder disziplinarisch bestraft worden sei.)

Zur Sache:

ꝛc. ꝛc.

Vorgelesen, genehmigt und unterschrieben.

B.

Geschehen wie oben.

Der Ehrenrat des . . . .

NN.	NN.	NN.
Hauptmann (Rittmeister).	Oberleutnant.	Leutnant.
Kapitänleutnant (Hauptmann) und Präses.	— zur See —	— zur See —

Beilage V.

Muster eines Protokolls über die Vernehmung eines Zeugen.

Verhandelt (Ort und Datum).

In der Untersuchungssache wider den Leutnant — zur See — B. vom xten . . . . Regiment — der . . . . Division — erscheint heute, um als Zeuge vernommen zu werden, der Kaufmann R.

Mit dem Gegenstande seiner Vernehmung bekannt gemacht, zur Aussage der Wahrheit ermahnt und besonders darauf hingewiesen, daß der von ihm zu leistende Zeugeneid sich auch auf die ihm bekannt gemachten allgemeinen Zeugenfragen erstrecke, sagt derselbe folgendes aus:

Zur Person: Ich heiße Wilhelm R., bin 40 Jahre alt, evangelisch, befinde mich im Genuß der bürgerlichen Ehrenrechte und verneine die allgemeinen Zeugenfragen.

Zur Sache:

ꝛc. ꝛc.

Vorgelesen, genehmigt und unterschrieben.

R.

Kaufmann.

Geschehen wie oben.

Der Ehrenrat — de . . . . —

NN.	NN.	NN.
Hauptmann (Rittmeister).	Oberleutnant.	Leutnant.
Kapitänleutnant (Hauptmann) und Präses.	— zur See —	— zur See —

Beilage VI.

Muster zu einer ehrengerichtlichen Spruchverhandlung.*)

Verhandelt (Ort und Datum).

Auf Befehl des Königlichen Obersten und Kommandeurs des xten . . . . . . Regiments Nr. . . . — Kaiserlichen Kontreadmirals und

*) Das Muster in Beilage VI ist nicht vollständig und kein Schema; es fehlen in ihm wesentliche Förmlichkeiten. Vgl. § 50 und Anm. zu Abs. 3; vgl. ferner §§ 42, 43, 44, 47, 51, 57, 58 nebst Anm.

Inspekteurs de ... — Herrn v. N., versammelte sich heute in B. das Offizierkorps des Regiments, um in der ehrengerichtlichen Untersuchung wider den Leutnant — zur See — B. des xten ...... Regiments Nr. ... — der ... Division — den Spruch zu fällen.

Nach vollständiger Verlesung der Akten, sowie der von dem Ehrenrat verfaßten schriftlichen Darstellung des Sachverhaltes und des motivierten Gutachtens fand die gemeinsame Beratung unter Leitung des Herrn Regimentskommandeurs statt. — (Bemerkung, ob der Angeschuldigte erschienen war.) Die Akten wurden vollständig verlesen. (Bemerkung, ob und wie der etwa erschienene Angeschuldigte sich mündlich verteidigt hat, und daß er aus der Versammlung entlassen ist.) Demnächst wurden die vom Ehrenrate verfaßte schriftliche Darstellung des Sachverhalts und das begründete Gutachten verlesen, worauf die gemeinsame Beratung unter Leitung des Herrn Inspekteurs ...... stattfand. — Derselbe ermahnte sodann die Mitglieder des Ehrengerichtes, nach Pflicht und Gewissen, ohne Leidenschaft als Ehrenmänner ihre Stimmen abzugeben, worauf die einzelnen in der bestimmungsmäßigen Reihenfolge ihr Votum wie folgt abgaben:

1. Hauptmann (Rittmeister) — Kapitänleutnant — v. F. als Präses des Ehrenrats:
   Schuldig der Verletzung der Standesehre unter Beantragung der Entlassung mit schlichtem Abschied.
   (Unterschrift.)
2. Oberleutnant — zur See — v. D. als Mitglied des Ehrenrats:
   wie vor.
   (Unterschrift.)
3. Leutnannt — zur See — v. C. als Mitglied des Ehrenrats:
   wie vor.
   (Unterschrift.)

(Hierauf folgen die Stimmabgaben sämtlicher anwesenden Mitglieder des Ehrengerichts nach ihrem Dienstalter von unten an, zuletzt der Kommandeur.)

Das Resultat der erfolgten Abstimmung ergab hiernach, daß von 38 anwesenden Offizieren
36 auf Entlassung mit schlichtem Abschiede,
2 auf Warnung
votierten.

Es lautet also der Spruch des Ehrengerichts dahin:
daß der Angeschuldigte der Verletzung der Standesehre schuldig und deshalb seine
„Entlassung mit schlichtem Abschiede"
zu beantragen ist.

Demnächst wurde die Sitzung geschlossen, nachdem den Mitgliedern des Ehrengerichts die Geheimhaltung des Spruchs bis nach erfolgter Publikation desselben zur Pflicht gemacht war.

Der Ehrenrat
des xten ...... Regiments Nr. ... — de ... —

NN.	NN.	NN.
Hauptmann (Rittmeister) u. Präses.	Oberleutnant.	Leutnant.
Kapitänleutnant (Hauptmann) u. Präses.	— zur See —	— zur See —

Beilage VII.

Namentliche Liste*)

derjenigen Offiziere des xten ...... Regiments Nr. .. — der ... Inspektion —, welche an dem Ehrengerichte über den Leutnant — zur See — B. des xten .... Regiments Nr. ... — der Division — nicht teilgenommen haben.

*) Vgl. hierzu § 50 Abs. 4; auch § 46 Abs. 4 nebst Anm.

Abkommandiert:
1. Hauptmann (Rittmeister) G., zum ...... — Kapitänleutnant G. an Bord S. M. S. —
2. Oberleutnant — zur See — S. zur ......

Krank:
Leutnant — zur See — Z ......

Beurlaubt:
1. Major — Korvettenkapitän — D ......
2. Leutnant — zur See — N ......

Beilage VIII.

Muster zur Ausfertigung eines ehrengerichtlichen Spruchs.*)

In der ehrengerichtlichen Untersuchung wider den Leutnant — zur See — B. des xten ...... Regiments Nr. ... — der ... Division — hat das Ehrengericht des genannten Regiments — der ... Inspektion — in der Spruchsitzung vom .. ten ...... 18 .. dahin erkannt:

daß der Leutnant — zur See — B. wegen unpassenden Benehmens an öffentlichem Orte der Verletzung der Standesehre für schuldig zu erachten, und beantragt

Entlassung mit schlichtem Abschiede.

Gründe.

(Hier sind die persönlichen Verhältnisse des Angeschuldigten, eine Darstellung des Sachverhaltes und die Entscheidungsgründe genau anzuführen.

Die Vollziehung der Ausfertigung des Spruchs erfolgt am Schluß durch den Ehrenrat in folgender Art:)

(Ort und Datum.)

Der Ehrenrat

des xten ...... Regiments — de .... —

NN.	NN.	NN.
Hauptmann (Rittmeister) u. Präses.	Oberleutnant.	Leutnant.
Kapitänleutnant (Hauptmann) u. Präses.	— zur See —	— zur See —

Beilage IX.

Muster zu einem Aktenauszuge.**)

Aktenauszug

zur ehrengerichtlichen Untersuchungssache wider den Leutnant — zur See — B. vom xten ..... Regiment Nr. .. — der ... Division.

Der Leutnant — zur See — B. ist durch den vom Ehrengericht des xten Regiments — der Inspektion — gefällten Spruch vom .. ten März d. J. wegen

unpassenden Benehmens an einem öffentlichen Orte der Verletzung der Standesehre für schuldig erachtet und deshalb

die Entlassung desselben mit schlichtem Abschiede vom Ehrengerichte beantragt worden.

Spruch: einstimmig (oder 36 Stimmen wie vor. und 2 Stimmen auf Warnung).

Leutnannt — zur See — B. ist 1848 — 18 ... — zu B., Provinz Sachsen, geboren, Sohn eines Majors a. D., auf dem Gymnasium zu H. gebildet, am 15. April 1867 — 18 ... — in das xte ...... Regiment Nr. ... — die kaiserliche Marine — eingetreten, am 14. November 1867 — 18 ... — zum Portepeefähnrich — Fähnrich zur See — und am 9. Februar 1869 — 18 ...

*) Vgl. hierzu § 59 nebst Anm.

**) Vgl. hierzu § 59 Abs. 2 nebst Anm.

— zum Offizier — Leutnant zur See — befördert. An den Feldzügen 1870/71 hat er Teil genommen und ist mit dem Eisernen Kreuz II. Klasse dekoriert. In Untersuchung hat sich derselbe früher nicht befunden, ist aber disziplinarisch bestraft wie folgt:

1. Mit ...... wegen ...... usw.
2. Mit usw.

(Wortlaut des Führungsattestes.)

Die Verurteilung beruht auf folgender tatsächlicher Feststellung:

(Hierauf folgte eine genaue aktenmäßige Darstellung der dem Angeschuldigten zur Last fallenden strafbaren Handlungen, wie solche durch dessen eigenes Geständnis und sonstige Beweise als festgestellt anzusehen sind.

Unterzeichnet wird der Aktenauszug vom

Ehrenrat

in gleicher Weise, wie die Ausfertigung des ehrengerichtlichen Spruchs.)

Beilage X.

Bemerkung über Anlegung der Akten.*)

Die Akten müssen über alles, was in der Untersuchung geschehen ist, vollständige Auskunft geben. Deshalb ist es insbesondere auch notwendig, daß die Konzepte der an Behörden usw. erlassenen Schreiben und Requisitionen zu den Akten gebracht werden, oder doch wenigstens der Inhalt derselben darin vermerkt wird.

Die erste Seite eines jeden Blattes der Akten erhält eine fortlaufende Ziffer.

Die Akten sind zu heften und mit einem vom Ehrenrat zu vollziehenden Inhaltsverzeichnisse zu versehen.

Erkenntnis und Aktenauszug sind den Akten nicht beizuheften, sondern lose mit einzusenden.

Marine:

Die ehrengerichtlichen Akten sollen für sich allein die vollständige Aufklärung des Sachverhalts bieten. Nötigenfalls sind aus anderen Akten Abschriften zu nehmen oder Auszüge zu fertigen. Auch ist ersichtlich zu machen, auf welchem Wege die Angelegenheit zur Sprache gekommen ist. Die Akten müssen über alles, was in der Untersuchung geschehen ist, vollständige Auskunft geben. Deshalb ist es insbesondere auch notwendig, daß die Entwürfe der an Behörden usw. erlassenen Schreiben und Requisitionen zu den Akten gebracht werden, oder doch wenigstens der Inhalt derselben darin vermerkt wird.

Die erste Seite eines jeden Blattes erhält eine fortlaufende Ziffer.

Die Akten sind genau nach der Zeitfolge zu heften und mit einem vom Ehrenrate zu vollziehenden Inhaltsverzeichnisse zu versehen.

Erkenntnis und Aktenauszug sind den Akten nicht beizuheften, sondern lose mit einzusenden.

---

*) Vgl. hierzu §§ 37, 59 Abs. 2 nebst Anm.

Anlagen zur Verordnung über die Ehrengerichte.

I. Ergänzungsorder v. 1. Januar 1897.
II. Verordnung über die Ehrengerichte der Kaiserlichen Schutztruppen v. 15. Juni 1897.
III. Allerhöchste Order betr. die ehrengerichtlichen Verhältnisse der nach Preußen kommandierten Kgl. Württembergischen und der nach Württemberg kommandierten Kgl. Preußischen Offiziere v. 16. September 1898.
IV. a) Allerhöchste Verordnung über die Ehrengerichte der Sanitätsoffiziere im Preußischen Heere v. 9. April 1901; b) Allerhöchste Verordnung über die Ehrengerichte der Sanitätsoffiziere in der Kaiserlichen Marine v. 3. Juni 1901.
V. Allerhöchste Verordnung über die Ehrengerichte der Sanitätsoffiziere der Kaiserlichen Schutztruppen v. 7. November 1901.

I. Bestimmungen zur Ergänzung der Einführungsorder
zu der Verordnung über die
Ehrengerichte der Offiziere im Preußischen Heere vom 2. Mai 1874.*)

Ich lasse dem Kriegsministerium beifolgend die heute von Mir vollzogenen Bestimmungen zur Ergänzung der Einführungsorder zu der Verordnung über die Ehrengerichte der Offiziere im Preußischen Heere vom 2. Mai 1874 (Mar.: der Verordnung über die Ehrengerichte der Offiziere in der Kaiserlichen Marine vom 26. Juli 1895) mit dem Auftrage zugehen, solche der Armee mit dem Hinzufügen bekannt zu machen, daß auch diese Bestimmungen den Offizieren durch die Kommandeure öfters in Erinnerung zu bringen sind.

Neues Palais, den 1. Januar 1897.

Wilhelm.

An das Kriegsministerium.

*) Auch diese Ergänzungsorder ist in Bayern, Sachsen u. Württemberg eingeführt. Sie findet sinngemäße Anwendung auf Sanitätsoffiziere.

Ergänzung der Einführungsorder

zu der Verordnung über die

Ehrengerichte der Offiziere in der Kaiserlichen Marine vom 26. Juli 1895.

Zur Vorbeugung der oft aus geringfügiger Veranlassung unter den Offizieren stattfindenden Zweikämpfe habe Ich in Ergänzung der an den Chef der Admiralität gerichteten Order vom 2. November 1875 die angeschlossenen, von Mir am heutigen Tage vollzogenen Bestimmungen erlassen. Dieselben sind der Verordnung über die Ehrengerichte der Offiziere Meiner Marine vom 26. Juli 1895 gleichfalls vorzuheften. Dem Oberkommando der Marine habe Ich unmittelbar Kenntnis gegeben. Sie haben hiernach die weitere Bekanntmachung an die Marine zu veranlassen.

Neues Palais, den 1. Januar 1897.

Wilhelm.

An den Reichskanzler (Reichs-Marine-Amt).

Ich will, daß Zweikämpfen Meiner Offiziere mehr als bisher vorgebeugt wird. Die Anlässe sind oft geringfügiger Natur, Privatstreitigkeiten und Beleidigungen, bei denen ein gütlicher Ausgleich ohne Schädigung der Standesehre möglich ist.

Der Offizier muß es als Unrecht erkennen, die Ehre eines anderen anzutasten. Hat er hiergegen in Übereilung oder Erregung gefehlt, so handelt er ritterlich, wenn er an seinem Unrecht nicht festhält, sondern zu gütlichem Ausgleiche die Hand bietet. Nicht minder muß derjenige, dem eine Kränkung oder Beleidigung widerfahren ist, die zur Versöhnung gebotene Hand annehmen, soweit Standesehre und gute Sitte es zulassen.

Es ist deshalb Mein Wille, daß der Ehrenrat hinfort grundsätzlich bei dem Austrage von Ehrenhändeln mitwirken soll. Er hat sich dieser Pflicht mit dem gewissenhaften Bestreben zu unterziehen, einen gütlichen Ausgleich herbeizuführen.

Um hierzu den Weg vorzuzeichnen, bestimme Ich, in Ergänzung der Einführungsorder zu der Verordnung über die Ehrengerichte der Offiziere im Preußischen Heere vom 2. Mai 1874 — Meiner Marine vom 26. Juli 1895 —, folgendes:

I. Kommen zwischen Offizieren Privatstreitigkeiten und Beleidigungen vor, die nicht alsbald auf gütlichem Wege standesgemäß beglichen werden, so sind die Beteiligten verpflichtet, unter Unterlassung aller weiteren Schritte ihrem Ehrenrate sofort Anzeige zu machen.

II. Der Ehrenrat hat dann unter Leitung des Kommandeurs den Sachverhalt ungesäumt durch mündliche oder schriftliche Verhandlungen aufzuklären und nach dem Ergebnisse der Ermittelungen sowie nach Anhörung der Beteiligten schriftlich entweder

1. einen Ausgleichsvorschlag aufzustellen, oder
2. zu erklären, daß er sich nach Lage der Sache außerstande sehe, einen Aus-

gleich vorzuschlagen, daß vielmehr ein ehrengerichtliches Verfahren notwendig sei, oder aber

3. festzustellen, daß die Ehre der Beteiligten für nicht berührt zu erachten und deshalb weder ein Grund zur Aufstellung eines Ausgleichsvorschlags noch auch zu einem ehrengerichtlichen Verfahren vorhanden sei.

Der Ausgleichsvorschlag hat sich auch über Art und Frist der Ausführung auszusprechen.

Nach Lage des Falles ist insbesondere festzusetzen, ob die Ausführung, außer vor dem Kommandeur und Ehrenrat, vor Zeugen, ob sie schriftlich zu erfolgen habe usw. — Ein Ausgleich ist anzustreben, soweit es die Standessitte irgendwie zuläßt.

III. Der Beschluß des Ehrenrats (II.) bedarf der schriftlichen Bestätigung durch den Kommandeur.

Bei den Ehrengerichten von Landwehrbezirken, deren Kommandeur nicht den Rang eines Regimentskommandeurs besitzt, erfolgt die Bestätigung durch den Brigadekommandeur, dem die Verhandlungen und der Beschluß des Ehrenrats mit einem Gutachten des Kommandeurs des Landwehrbezirks vorzulegen sind (Abs. 2 fällt für die Marine fort).

Der zur Bestätigung Berechtigte — Kommandeur — ist befugt:

1. den Ausgleichsvorschlag abzuändern.
2. in den Fällen zu II 2 und 3 seinerseits einen Ausgleichsvorschlag schriftlich aufzustellen,
3. dem Ausgleichsvorschlage oder der Feststellung zu II 3 die Bestätigung zu versagen und seinerseits die Erklärung nach II 2 abzugeben.

IV. Den Beteiligten steht gegen den Ausgleichsvorschlag oder die Feststellung zu II 3 binnen drei Tagen die beim Kommandeur anzubringende Berufung zu. Die Vorgesetzten haben sich hierzu gutachtlich zu äußern und Meine Entscheidung einzuholen.

V. Durch die Ausführung des Ausgleichsvorschlags oder die Feststellung zu II 3 findet der Streitfall selbst zwischen den Beteiligten sowie dem Offizierkorps gegenüber seine vollständige Erledigung.

Hierdurch ist indes nicht ausgeschlossen, das ehrengerichtliche Verfahren folgen zu lassen, sofern das Verhalten eines der Beteiligten hierzu Veranlassung gegeben hat.

VI. Wird ein Ausgleichsvorschlag nicht aufgestellt oder die Erklärung zu II 3 nicht abgegeben, so ist ungesäumt nach § 27 ff. der Verordnung vom 2. Mai 1874 — vom 26. Juli 1895 — zu verfahren. Das gleiche hat zu geschehen, wenn der endgültig festgestellte Ausgleichsvorschlag nicht ausgeführt wird.

VII. Über einen Offizier, der

unter Umgehung des Ehrenrats,

oder

vor endgültiger Entscheidung über den Beschluß des Ehrenrats,

oder

unter Nichtachtung des endgültig festgestellten Ausgleichsvorschlags oder der Feststellung zu II 3,

oder

vor Meiner Entscheidung auf den ehrengerichtlichen Spruch

einen anderen Offizier zum Zweikampf herausfordert oder die Herausforderung eines anderen Offiziers zum Zweikampf annimmt, ist Mir sofort zu berichten.

VIII. Ist einer der Beteiligten ein General — Admiral (General) —, so bleibt die Bestimmung des Kommandeurs und der Mitglieder des Ehrenrats Meiner Entscheidung vorbehalten.

Ist einer der Beteiligten ein Stabsoffizier, so ist der Ehrenrat des Ehrengerichts der Stabsoffiziere zuständig.

Im übrigen wird, wenn die Beteiligten verschiedenen Ehrengerichten unterstehen, der für die Ausgleichsverhandlungen zuständige Ehrenrat durch den nächsten gemeinschaftlichen Vorgesetzten (Dienstweg nach § 27 der Verordnung vom 2. Mai 1874 — vom 26. Juli 1895 —) und, falls ein solcher nicht vorhanden ist, durch Vereinbarung der kommandierenden Generale (bzw. mit dem kommandierenden Admiral der Marine) — des Befehlshabers, dem die Anordnung des ehrengerichtlichen Verfahrens in der Marine zusteht, mit dem betreffenden kommandierenden General — bestimmt. Wenn nötig, ist Meine Entscheidung anzurufen.

IX. Gerät ein Offizier mit einem den Ehrengerichten nicht unterworfenen Offizier oder mit einer Zivilperson in einen Ehrenhandel, so ist er — sofern nicht alsbald auf gütlichem Wege ein standesgemäßer Ausgleich stattfindet — gleichfalls zur umgehenden Anzeige an den Ehrenrat verpflichtet. Letzterer hat auch hier, soweit es die Umstände gestatten, unter Leitung des Kommandeurs auf einen Ausgleich hinzuwirken.

Neues Palais, den 1. Januar 1897.

Wilhelm.

II. Verordnung
über die
Ehrengerichte der Offiziere der Kaiserlichen Schutztruppen.

Ich lasse dem Kriegsministerium anliegend Abschrift Meiner an den Reichskanzler gerichteten Order vom heutigen Tage, betreffend die Verordnung über die Ehrengerichte der Offiziere der Kaiserlichen Schutztruppen mit dem Auftrage zugehen, dieselbe zur Kenntnis der Armee zu bringen.

Neues Palais, den 15. Juni 1897.

Wilhelm.

An das Kriegsministerium.

Auf den Mir gehaltenen Vortrag befehle Ich hiermit, unter Aufhebung aller entgegenstehenden Bestimmungen, insbesondere der Verordnung vom 16. Juni 1891 (Marine-Verordnungsblatt Nr. 14 vom 3. Juli 1891, S. 133), daß die Verordnung über die Ehrengerichte der Offiziere im Preußischen Heere vom 2. Mai 1874 sowie Meine Order vom 1. Januar 1897 auf die Offiziere Meiner Schutztruppen mit folgenden Maßgaben Anwendung zu finden hat:

1. Mitglieder des Offizierkorps im Sinne der Verordnung vom 2. Mai 1874 sind die deutschen Offiziere, welche als solche im Etat einer Schutztruppe stehen oder die Uniform einer solchen tragen.

2. Ehrengerichte über Hauptleute und Subalternoffiziere bestehen bei denjenigen Schutztruppen, zu welchen außer dem Kommandeur mindestens sechs stimmberechtigte Mitglieder gehören.
3. Die in Deutschland sich aufhaltenden Schutztruppenoffiziere werden durch den kommandierenden General des Gardekorps (vgl. Nr. 9) einem Ehrengerichte seines Befehlsbereichs unterstellt.
4. Kommandeure im Sinne des § 12 der Verordnung vom 2. Mai 1874 sind bei den Schutztruppen für Ost- bzw. Südwest-Afrika, falls Ich nicht anders bestimme, die Kommandeure dieser Schutztruppen.*)
5. Die Stabsoffiziere der Schutztruppen unterstehen dem Ehrengerichte der Stabsoffiziere des Gardekorps.
6. Die Wahl des Ehrenrats hat bei den Schutztruppen am ersten November jeden Jahres oder an einem der nächstfolgenden Tage, im übrigen tunlichst nach Maßgabe des § 17 der Verordnung vom 2. Mai 1874 zu erfolgen.

   Der neue Ehrenrat tritt in Tätigkeit, sobald die Wahl durch den Kommandeur festgestellt ist.
7. Bei Schutztruppen, die ein eigenes Ehrengericht nicht bilden können, kann ein aus zwei Offizieren — möglichst aus einem Hauptmann und einem Leutnant bestehender — Ehrenrat gebildet werden, welcher zu dem Kommandeur der Schutztruppe in dasselbe Verhältnis tritt, wie der Ehrenrat eines Ehrengerichts zu dem Kommandeur.
8. Auch wenn bei einer Schutztruppe ein Ehrengericht nicht besteht, hat der Kommandeur die erforderlich werdenden Ermittelungen durch den Ehrenrat (vgl. Nr. 7) oder, falls auch ein solcher nicht besteht, in geeigneter Weise (vgl. insbesondere Nr. 11) soweit zu bewirken, daß er in der Lage ist, nach Maßgabe des § 27 der Verordnung vom 2. Mai 1874 Bericht zu erstatten.
9. Sofern Ich nicht einem Gouverneur oder Landeshauptmann die Dienststellung des zur Anordnung des ehrengerichtlichen Verfahrens berechtigten Befehlshabers übertrage, übt dieselbe der kommandierende General des Gardekorps aus. Mit dieser Einschränkung sind dem letzteren in ehrengerichtlichen Angelegenheiten die Kommandeure der Schutztruppen unmittelbar unterstellt.
10. Vor Anordnung eines ehrengerichtlichen Verfahrens über den Kommandeur einer Schutztruppe ist Meine Entscheidung einzuholen.
11. Die Kommandeure und Ehrenräte, sowie die Gerichte des Heeres, der Marine und der Schutztruppen haben den gegenseitigen Ersuchen um Vernehmungen und um sonstige Gewährung von Rechtshilfe Folge zu geben.
12. Zur Spruchsitzung eines Ehrengerichts über Hauptleute und Subalternoffiziere genügt die Anwesenheit des Kommandeurs und sechs stimmberechtigter Mitglieder, falls die Heranziehung einer größeren Zahl von Mitgliedern wesentlichen Zeitaufwand erfordern würde.
13. Von der Anordnung der förmlichen ehrengerichtlichen Untersuchung gegen einen Offizier der Schutztruppe ist dem Reichskanzler durch den zuständigen Befehlshaber (Nr. 9) ungesäumt Kentnis zu geben.

Neues Palais, den 15. Juni 1897.

Wilhelm.

*) In Ergänzung der Ziff. 4 ist durch AVO. v. 15/8 01 bestimmt, daß auch der Kommandeur der Schutztruppe für Kamerun Kommandeur im Sinne des § 12 der VO. v. 2/5 74 ist.

III. Allerhöchste Order,

betreffend die

ehrengerichtlichen Verhältnisse der nach Preußen kommandierten Kgl. Württembergischen und der nach Württemberg kommandierten Kgl. Preußischen Offiziere.

Vom 16. September 1898.

Zur Regelung der ehrengerichtlichen Verhältnisse der nach Preußen kommandierten Königlich Württembergischen Offiziere und der nach Württemberg kommandierten Offiziere Meiner Armee bestimme Ich hierdurch im Einverständnis mit Seiner Majestät dem Könige von Württemberg nachstehendes:

1. Die nach Preußen kommandierten Königlich Württembergischen Offiziere werden unterstellt:
   a) die Stabsoffiziere dem Ehrengericht der Stabsoffiziere des betreffenden Armeekorps mit aktivem und passivem Wahlrecht;
   b) die Hauptleute, Rittmeister und Subalternoffiziere, sofern sie zu einem Truppenteil kommandiert sind, dem Ehrengericht des Offizierkorps dieses Truppenteils mit aktivem und passivem Wahlrecht, in allen anderen Fällen einem von dem kommandierenden General des Territorialbezirks auf Grund des § 10 Abs. 2 der Verordnung vom 2. Mai 1874 alljährlich zu bestimmenden Ehrengericht.
2. Nach vorstehendem ergangene ehrengerichtliche Sprüche über Königlich Württembergische Offiziere sind Mir mit den Gutachten der Vorgesetzten vorzulegen. Ich werde sie dann Seiner Majestät dem Könige von Württemberg zur Entscheidung zugehen lassen oder, wenn Sprüche gegen Königlich Württembergische Offiziere und solche Meiner Armee gemeinsam gefällt sind, eine Vereinbarung über die Entscheidung herbeiführen.
3. Die nach Württemberg kommandierten und die den Festungsbehörden in Ulm angehörenden Offiziere Meiner Armee unterstehen:
   a) die Stabsoffiziere dem Ehrengericht der Stabsoffiziere des XIII. (Königlich Württembergischen) Armeekorps mit aktivem und passivem Wahlrecht;
   b) die Hauptleute, Rittmeister und Subalternoffiziere, sofern sie zu einem Truppenteil kommandiert sind, dem Ehrengericht des Offizierkorps dieses Truppenteils mit aktivem und passivem Wahlrecht, in allen anderen Fällen einem von dem kommandierenden General des XIII. (Königlich Württembergischen) Armeekorps auf Grund des § 10 Abs. 2 der Verordnung vom 2. Mai 1874 alljährlich zu bestimmenden Ehrengericht.
4. Die Entscheidung auf hiernach ergangene ehrengerichtliche Sprüche, welche Seine Majestät der König von Württemberg Mir wird zugehen lassen, behalte Ich Mir vor; ebenso werden Seine Majestät der König von Württemberg bei gemeinsam gegen Meine und Königlich Württembergische Offiziere gefällten Sprüchen eine Vereinbarung über die Entscheidung herbeiführen.
5. Hinsichtlich der Ziffer IV Meiner Order vom 1. Januar 1897 bestimme Ich, daß Mir die Berufungen Königlich Württembergischer Offiziere in allen Fällen vorzulegen sind, in denen ein Ehrenrat Meiner Armee zuständig war. Seine

Majestät der König von Württemberg wollen Mir in diesen Fällen die Entscheidung überlassen, während Allerhöchstdieselben auf die Berufungen von Offizieren Meiner Armee entscheiden werden, wenn ein Königlich Württembergischer Ehrenrat zuständig war.

Ich beauftrage das Kriegsministerium, vorstehendes der Armee bekannt zu machen.

Marmor=Palais, den 16. September 1898.

Wilhelm.

An das Kriegsministerium.

IV. A. Allerhöchste Verordnung

über die

Ehrengerichte der Sanitätsoffiziere im Preußischen Heere*) vom 9. April 1901.

B. Allerhöchste Verordnung

über die

Ehrengerichte der Sanitätsoffiziere in der Kaiserlichen Marine vom 3. Juni 1901.

Den hochherzigen Entschließungen Meines in Gott ruhenden Herrn Großvaters, welcher in weiser Voraussicht und mit fester Hand die Organisation des Sanitätskorps verfügte, sind die Grundlagen zu danken, auf denen sich zu Meiner Befriedigung das Sanitätswesen in Meiner Armee erfreulich entwickelt hat. Ich erkenne gern an, daß das Sanitätsoffizierkorps sich erfolgreich bemüht hat, seine Kräfte mit voller Hingebung in den Dienst Meiner Armee zu stellen, und habe Ich es Mir wiederholt angelegen sein lassen, seine Arbeitsfreudigkeit durch Beweise Meiner Anerkennung zu fördern.

Der Absatz 1 lautet für die Marine:

Nachdem Ich vor 4 Jahren dem Sanitätskorps Meiner Marine eine selbständige Organisation gegeben habe, erkenne Ich mit Befriedigung an, daß das Sanitätskorps sich erfolgreich bemüht hat, Meinen Erwartungen zu entsprechen.

Durch die heute von Mir vollzogene Verordnung über die Ehrengerichte der Sanitätsoffiziere im Preußischen Heere — Meiner Marine — will Ich dem Sanitätsoffizierkorps ein neues Zeichen — einen weiteren Beweis — Meines besonderen Wohlwollens und Meines Vertrauens zuteil werden lassen. Ich erblicke in diesen Ehrengerichten das wirksamste Mittel, durch Erziehung der Standesgenossen zur Wahrung der Standespflichten und zur Betätigung der Gemeinsamkeit der Standesinteressen, den Geist treuester Pflichterfüllung und lauterster Wahrhaftigkeit im Sanitätsoffizierkorps alle Zeit wach und rege zu erhalten.

Die eigenartigen Verhältnisse des Sanitätsoffizierkorps

---

*) Gleichlautende Verordnungen sind für Bayern, Sachsen und Württemberg ergangen. — Alles, was im Text in lateinischer Schrift gedruckt ist, bezieht sich nur auf die Marine. Was im Text der VO. für das Heer gesperrt gedruckt ist, lautet anders als in der für die Marine und wird für diese durch den nachfolgenden lateinischen Druck ersetzt.

haben verschiedene Abweichungen von der für die Ehrengerichte der Offiziere bestehenden Verordnung notwendig gemacht. Im besonderen habe Ich davon Abstand nehmen müssen, die Sanitätsoffiziere des Beurlaubtenstandes zu tätiger Beteiligung an den Ehrengerichten zu berufen, um sie nicht mehr, als es der Dienst unbedingt erfordert, ihrer verantwortungsvollen beruflichen Tätigkeit zu entziehen. — Die dienstlichen Verhältnisse der Sanitätsoffiziere Meiner Marine im Auslande haben es notwendig gemacht, die Sanitätsoffiziere den dort bestehenden Ehrengerichten der Seeoffiziere in einzelnen Fällen zu unterstellen. Die Erledigung ehrengerichtlicher Angelegenheiten der Sanitätsoffiziere des Beurlaubtenstandes habe Ich grundsätzlich den aktiven Sanitätsoffizieren übertragen. — Ich darf erwarten, daß sie — die Sanitätsoffiziere des Beurlaubtenstandes — einer den gemeinsamen Interessen des Standes entsprechenden Vertretung bei ihren aktiven Kameraden, in deren Hände auch ihre Wahl zum Sanitätsoffizier gelegt ist, unbedingt sicher sein können. Auch ist in jedem Falle, wo die Ehrenangelegenheit eines Sanitätsoffiziers des Beurlaubtenstandes in Frage steht, soweit als irgend tunlich, die Mitwirkung der allgemeinen ärztlichen Ehrengerichte gewährleistet. Ich hoffe, daß auf diese Weise und durch die gleichmäßige Behandlung der Ehrenangelegenheiten eine immer engere Verbindung zwischen den Sanitätsoffizieren des Friedens- und des Beurlaubtenstandes herbeigeführt und gleichzeitig auch das Wohl des gesamten ärztlichen Standes gefördert werden wird.

Aufgabe der Sanitätsoffiziere, die Ich zur Leitung der Ehrengerichte berufen, und der militärischen Vorgesetzten, in deren Hände Ich die Überwachung derselben gelegt habe, wird es in erster Linie sein, in Berücksichtigung der besonderen Verhältnisse des Sanitätsoffizierkorps auf eine dementsprechende Handhabung dieser Verordnung hinzuwirken.

Der Beruf des Sanitätsoffiziers bringt ihn mit allen Klassen der Bevölkerung in Berührung, und es müssen daher die hieraus leicht entstehenden Ehrenhändel eine besondere Beurteilung erfahren, um der Armee — Meiner Marine — nicht unnötig tüchtige Sanitätsoffiziere zu entziehen, deren sie so dringend bedarf.

Die beifolgende Verordnung tritt mit dem 1. Juni — August — d. Js. in Kraft. Die Wahlen zum Ehrenrat sowie die zum Ehrengericht über Generaloberärzte und Oberstabsärzte (das gesperrt Gedruckte fällt für die Marine fort) haben im laufenden Jahre bereits zu Anfang des Monats Juni — August — stattzufinden. Das Kriegsministerium hat — Sie haben — hiernach die weitere Bekanntmachung an die Armee — Marine — zu veranlassen.

Berlin, den 9. April 1901.

Neues Palais, den 3. Juni 1901.

Wilhelm.
Wilhelm.

An das Kriegsministerium.

An den Reichskanzler (Reichs-Marine-Amt).

Allerhöchste Order vom 5. Mai 1902.

In Verfolg Meiner Order vom 3. Juni 1901, betreffend Einführung von Ehrengerichten der Sanitätsoffiziere in Meiner Marine, bestimme Ich, daß Meine Order vom 1. Januar 1897, betreffend Vorbeugung der Zweikämpfe aus geringfügiger Veranlassung, auf die Sanitätsoffiziere Meiner Marine sinngemäße Anwendung finden soll. Sie haben hiernach die weitere Bekanntmachung an die Marine zu veranlassen.

Berlin, Schloß, den 5. Mai 1902.

Wilhelm.

An den Reichskanzler (Reichs-Marine-Amt).

Allerhöchste Order vom 19. August 1902.

In Verfolg Meiner Order vom 3. Juni 1901, betreffend Einführung von Ehrengerichten der Sanitätsoffiziere in Meiner Marine, bestimme Ich, daß für die Marinestabsärzte, Oberassistenz- und Assistenzärzte des Kiautschougebietes ein besonderes Ehrengericht in Tsingtau zu bilden ist. Die Anordnung des ehrengerichtlichen Verfahrens bei diesem Ehrengericht steht dem Gouverneur des Kiautschougebietes zu. Sie haben hiernach die Abänderung bzw. Ergänzung Meiner oben genannten Verordnung vorzunehmen und die weitere Bekanntmachung an die Marine zu veranlassen.

Schloß Homburg v. d. Höhe, den 19. August 1902.

Wilhelm.

An den Reichskanzler (Reichs-Marine-Amt).

I. Zweck der Ehrengerichte.

§ 1. Die Ehrengerichte der Sanitätsoffiziere haben zum Zweck, die gemeinsame Ehre der Genossenschaft sowie die Ehre des einzelnen zu wahren.

Ihre Aufgabe ist es:

1. gegen diejenigen Sanitätsoffiziere, deren Benehmen dem richtigen Ehrgefühl oder den Verhältnissen des Standes nicht entspricht, auf dem durch gegenwärtige Verordnung bezeichneten Wege einzuschreiten und, wo es zur Erhaltung der Reinheit der Ehre des Standes nötig, auf die Entfernung unwürdiger Mitglieder aus der Genossenschaft anzutragen; sowie
2. die Sanitätsoffiziere von unbegründeten Verdächtigungen ihrer Ehrenhaftigkeit zu reinigen, insofern andere standesgemäße Wege hierzu nicht vorhanden sind.

II. Zuständigkeit der Ehrengerichte.

§ 2. Zur Beurteilung der Ehrengerichte gehören:

a) alle Handlungen und Unterlassungen von Sanitätsoffizieren, welche dem

Abkürzung: OVO. = Verordnung über die Ehrengerichte der Offiziere.

§ 1. Vgl. § 1 OVO. nebst Anm.

richtigen Ehrgefühl oder den Verhältnissen des Standes zuwider sind und daher die gemeinsame Ehre der Genossenschaft gefährden oder verletzen;

b) diejenigen Fälle, in welchen Sanitätsoffiziere zum Schutz ihrer eigenen Ehre auf einen ehrengerichtlichen Spruch antragen.

§ 3. Ist eine zur Zuständigkeit der Ehrengerichte gehörende Handlung oder Unterlassung zugleich in den Strafgesetzen mit Strafe bedroht und dieserhalb ein gerichtliches Verfahren eingeleitet, so darf erst nach dessen Beendigung ehrengerichtliches Einschreiten erfolgen.

In einem solchen Falle dürfen, wenn gerichtlich auf Freisprechung erkannt ist, diejenigen Tatsachen, welche in dem gerichtlichen Verfahren zur Erörterung gekommen sind, nur noch insoweit dem Spruch eines Ehrengerichts unterstellt werden, als sie an sich eine Verletzung der Ehre des Standes enthalten.

Ist dagegen eine gerichtliche Verurteilung erfolgt, so bleibt lediglich demjenigen Befehlshaber, welcher ein ehrengerichtliches Verfahren anzuordnen berechtigt ist, überlassen, darüber Entscheidung zu treffen, ob außerdem noch ein ehrengerichtlicher Spruch zu fällen sei.

Bei den Sanitätsoffizieren des Beurlaubtenstandes, sofern sie einem staatlicherseits organisierten Ehrengericht für Zivilärzte unterstehen, ist zunächst die Entscheidung des letzteren abzuwarten, bevor das Verfahren vor dem Ehrengericht für Sanitätsoffiziere eingeleitet wird.

Kommen Handlungen oder Unterlassungen der oben erwähnten Sanitätsoffiziere des Beurlaubtenstandes, die ein ehrengerichtliches Einschreiten erfordern, zuerst zur Kenntnis der militärischen Behörden, so haben diese zunächst der betreffenden Zivilinstanz Mitteilung zu machen (vgl. auch § 33 — Mar.: § 36 —).

§ 4. Den Ehrengerichten — der Marine-Sanitätsoffiziere — sind unterworfen:

1. alle Sanitätsoffiziere des aktiven Dienststandes;
2. alle Sanitätsoffiziere des Beurlaubtenstandes (Reserve und Landwehr — Seewehr —);
3. die Sanitätsoffiziere à la suite des — Marine — Sanitätskorps;
4. die mit Pension zur Disposition gestellten und die unter Verleihung der Befugnis, Militär — Marine — uniform zu tragen, verabschiedeten Sanitätsoffiziere.

III. Bildung der Ehrengerichte.

§ 5. An der Bildung von Ehrengerichten teilzunehmen sind nur berechtigt:

1. die aktiven Sanitätsoffiziere;
2. die inaktiven Sanitätsoffiziere, solange sie in etatsmäßigen Sanitätsoffizierstellen des Heeres — der Marine — verwendet werden.

---

§ 2. Vgl. § 2 OVO. nebst Anm.

§ 3. Vgl. § 3 OVO. nebst Anm. — Eine ärztliche Standesvertretung besteht seit dem Jahre 1887 in den Ärztekammern (VO. v. 25/5 87 GS. S. 169, abgeändert am 21/7 92 GS. S. 222, am 6/1 96 GS. S. 1, 20/5 98 GS. S. 115, 23/1 99 GS. S. 17 und durch § 56 des Ges. betr. die ärztlichen Ehrengerichte usw. v. 25/11 99 GS. S. 565), von denen in jeder Provinz eine am Sitze des Oberpräsidenten errichtet ist.

§ 4. Vgl. § 4 OVO. nebst Anm.

§ 5. Vgl. § 5 OVO. nebst Anm.

Die übrigen im § 4 aufgeführten Sanitätsoffiziere sind den Ehrengerichten unterstellt, ohne zur tätigen Teilnahme an ihnen berechtigt zu sein.

§ 6. Die Ehrengerichte zerfallen in:

1. Ehrengerichte über — Marine — Stabsärzte, Ober- — Assistenz — und Assistenzärzte und in
2. Ehrengerichte über — Marine — Generaloberärzte und Oberstabsärzte.

Tritt die Notwendigkeit ein, gegen einen — Marine — Generalarzt oder höher gestellten Sanitätsoffizier ehrengerichtlich einzuschreiten, so werde Ich das Nötige jedesmal besonders bestimmen.

A. Bildung der Ehrengerichte über Stabsärzte, Ober- und Assistenzärzte.

§ 7. Ehrengerichte über Stabsärzte, Ober- und Assistenzärzte bestehen bei jeder Division. Sie werden von den Sanitätsoffizieren des betreffenden Divisionsverbandes (einschließlich der ihm nach § 8 der Verordnung über die Organisation des Sanitätskorps zugeteilten Sanitätsoffiziere) gebildet.

§ 8. Die Sanitätsoffiziere des Kriegsministeriums (einschließlich der als Hilfsreferenten kommandierten Stabsärzte) werden dem Ehrengerichte bei der 1. Garde-Infanterie-Division, die Sanitätsoffiziere der Kaiser Wilhelms-Akademie für das militärärztliche Bildungswesen demjenigen bei der 2. Garde-Infanterie-Division zugeteilt.

§ 9. Den Ehrengerichten über Stabsärzte, Ober- und Assistenzärzte sind unterworfen:

1. die Sanitätsoffiziere dieser Dienstgrade, welche nach § 7 bzw. 8 an der Bildung des Ehrengerichts teilnehmen;
2. die Sanitätsoffiziere des Beurlaubtenstandes der erwähnten Dienstgrade. Sie unterstehen dem Ehrengericht derjenigen Division, der ihr Landwehrbezirk unterstellt ist;[1]
3. die in § 4 Ziffer 3 und 4 bezeichneten Stabsärzte, Ober- und Assistenzärzte. Die Zuständigkeit des Ehrengerichts regelt sich nach dem Wohnort.

§ 10. Während des Kriegszustandes können diejenigen Sanitätsoffiziere, deren Zugehörigkeit sich nicht aus § 9 ergibt, durch die zur Anordnung eines ehrengerichtlichen Verfahrens berechtigten Befehlshaber (§ 23) einem Ehrengericht unterstellt werden.

§ 11. Das Ehrengericht über Stabsärzte, Ober- und Assistenzärzte wird vom Divisionsarzt geleitet.

§ 7. Es werden folgende Ehrengerichte über Marinestabsärzte, Oberassistenz- und Assistenzärzte gebildet:

I. An Land. a) In Kiel:

Ein gemeinsames Ehrengericht für sämtliche Sanitätsoffiziere am Lande und an Bord der in den heimischen Gewässern befindlichen

---

§ **6.** Vgl. § 7 OVO. nebst Anm.

§ **7.** Vgl. § 8 OVO. nebst Anm.; VO. v. 6/2 73 (AVBl. S. 103).

§ **9.** Vgl. § 10 OVO.

§ **10.** Vgl. § 10 Abs. 4 OVO.

Schiffe — mit Ausnahme der unter II, 1 aufgeführten — deren Stationsort ihrer Zugehörigkeit nach Kiel ist;

b) in Wilhelmshaven:

ein gemeinsames Ehrengericht für sämtliche Sanitätsoffiziere am Lande und an Bord der in den heimischen Gewässern befindlichen Schiffe — mit Ausnahme der unter II, 1 aufgeführten — deren Stationsort ihrer Zugehörigkeit nach Wilhelmshaven ist;

c) in Tsingtau:

ein Ehrengericht für die Sanitätsoffiziere des Kiautschougebietes.

II. An Bord.

1. Ein Ehrengericht für die Sanitätsoffiziere des I. Geschwaders;
2. ein Ehrengericht für die Sanitätsoffiziere des Kreuzergeschwaders;
3. ein Ehrengericht für jede außerhalb der heimischen Gewässer fahrende selbständige Division, wenn außer dem Divisionsarzt wenigstens 5 stimmberechtigte Mitglieder vorhanden sind.

Durch AKO. v. 30/10 03 (MVBl. S. 421) ist weiterhin im Hinblick auf die gebildete aktive Schlachtflotte bestimmt:

An Stelle des Ehrengerichts für Marinestabsärzte, Oberassistenz- und Assistenzärzte bei dem I. Geschwader wird ein solches bei der aktiven Schlachtflotte gebildet.

§ 8. Ist die vorgeschriebene Anzahl stimmberechtigter Mitglieder (vgl. § 7, II, 3) auf den Schiffen einer Division nicht vorhanden, so werden die Sanitätsoffiziere anderer Schiffe, sobald ein Zusammentreffen mit solchen voraussichtlich in spätestens 4 Wochen zu erwarten steht, zur Bildung eines Ehrengerichts herangezogen.

Unter der gleichen Voraussetzung treten die Sanitätsoffiziere von einzelnen Schiffen außerhalb der heimischen Gewässer mit denen anderer Schiffe zur Bildung eines gemeinsamen Ehrengerichts zusammen.

§ 9. Steht eine Vereinigung von Schiffen außerhalb der heimischen Gewässer, welche zusammen die vorgeschriebene Anzahl von stimmberechtigten Mitgliedern (vgl. § 7, II, 3), aufweisen, innerhalb von 4 Wochen nicht in Aussicht, so werden die Verhandlungen mit der nächsten sich darbietenden Gelegenheit an den Chef derjenigen Station, von welcher die Besatzung des Schiffes gestellt ist, gesandt, welcher dieselben dem zuständigen Ehrengerichte für Sanitätsoffiziere zugehen läßt. Es ist jedoch dem Befehlshaber überlassen, in solchen Fällen, in denen eine schleunige Erledigung durchaus geboten ist, einen Spruch des Ehrengerichts für Seeoffiziere (vgl. § 7, II, 3, §§ 8 und 28 der Verordnung über die Ehrengerichte der Offiziere in der Kaiserlichen Marine) anzuordnen.

Zu der betreffenden Spruchsitzung sind die erreichbaren Sanitätsoffiziere als stimmberechtigte Mitglieder heranzuziehen.

§ 10. Die Marinestabsärzte, Oberassistenz- und Assistenzärzte, deren Stationsort ihrer Zugehörigkeit nach Berlin ist, bleiben demjenigen Ehrengericht unterstellt, welchem sie vor ihrem Übertritt nach Berlin angehörten.

Die Sanitätsoffiziere beim Marinelazarett in Yokohama werden dem

Ehrengericht für die Sanitätsoffiziere des Kreuzergeschwaders, solange sich letzteres auf der Ostasiatischen Station befindet, zugeteilt, anderenfalls bilden diese Sanitätsoffiziere mit den auf den Schiffen der Ostasiatischen Station befindlichen ein besonderes Ehrengericht.

Die Sanitätsoffiziere des Beurlaubtenstandes (Reserve und Seewehr) unterstehen dem Ehrengericht in Kiel bzw. Wilhelmshaven, je nachdem sie für den Mobilmachungsfall der Ost- oder Nordseestation zugeteilt sind; die in § 4 Ziffer 3 und 4 bezeichneten Sanitätsoffiziere bleiben demjenigen Ehrengericht unterstellt, welchem sie zur Zeit des Ausscheidens aus dem aktiven Dienst zugeteilt waren.

§ 11. Die Ehrengerichte werden geleitet:

in Kiel und in Wilhelmshaven von dem Garnisonarzt, in Tsingtau von dem Gouvernementsarzt,

bei dem I. Geschwader und dem Kreuzergeschwader von dem Geschwaderarzt,

bei selbständigen Divisionen von dem Divisionsarzt,

bei einem gelegentlich der Vereinigung mehrerer Schiffe außerhalb der heimischen Gewässer gebildeten Ehrengericht (§ 8) von dem ältesten anwesenden Sanitätsoffizier im Stabsoffizierrang.

Wo in der gegenwärtigen Verordnung vom Vorsitzenden die Rede ist, sind darunter die hier genannten Sanitätsoffiziere zu verstehen.

Durch AKO. v. 30/10 03 (AVBl. S. 421) ist weiterhin im Hinblick auf die gebildete aktive Schlachtflotte bestimmt:

Das Ehrengericht über Marinestabsärzte, Oberassistenz- und Assistenzärzte bei der aktiven Schlachtflotte wird von dem Flottenarzt geleitet.

B. Bildung der Ehrengerichte über Generaloberärzte und Oberstabsärzte.

§ 12. In dem Territorialbezirk eines jeden Armeekorps wird über sämtliche in ihm ihren Standort oder — sofern sie den in § 4 unter 2—4 bezeichneten Kategorien angehören — ihren Wohnsitz habende Generaloberärzte und Oberstabsärzte ein aus dem Korps-Generalarzt als Leitendem und 6 Mitgliedern (Generaloberärzten bzw. Oberstabsärzten), darunter in der Regel mindestens 2 Generaloberärzten, bestehendes Ehrengericht gebildet.

Die Mitglieder und zugleich für ein jedes ein Stellvertreter, werden alljährlich aus den im Korpsbezirk vorhandenen aktiven Generaloberärzten und Oberstabsärzten durch relative Stimmenmehrheit derart gewählt, daß sämtliche wahlberechtigte Sanitätsoffiziere dieser Dienstgrade an der Wahl sämtlicher Mitglieder und ihrer Stellvertreter teilnehmen. Bei Stimmengleichheit entscheidet das Dienstalter.

Die Mitglieder des Ehrengerichts und ihre Stellvertreter sind nach Ablauf der Wahlperiode wieder wählbar.

Die Wahl erfolgt am 1. September jeden Jahres oder an einem der nächstfolgenden Tage.

Während des Kriegszustandes ist jeder mit den Gerechtsamen eines kommandierenden Generals betraute Befehlshaber zur Bildung eines Ehrengerichts über

---

§ 12. Vgl. § 13 OVO. nebst Anm.

Generaloberärzte und Oberstabsärzte innerhalb seines Befehlsbereichs in derselben Weise berechtigt.

Sanitätsoffiziere niederen Grades sind den Ehrengerichten über Generaloberärzte und Oberstabsärzte in den Fällen unterworfen, in welchen sie mit solchen gemeinsam beteiligt sind.

§ 12. Es werden folgende Ehrengerichte über Marine-Generaloberärzte und Oberstabsärzte gebildet:

1. In Kiel:

Ein gemeinsames Ehrengericht für sämtliche Marine-Generaloberärzte und Oberstabsärzte, deren Stationsort ihrer Zugehörigkeit nach Kiel ist;

2. in Wilhelmshaven:

ein gemeinsames Ehrengericht für sämtliche Marine-Generaloberärzte und Oberstabsärzte, deren Stationsort ihrer Zugehörigkeit nach Wilhelmshaven ist.

Diese Ehrengerichte werden von den Stationsärzten als Vorsitzenden geleitet.

Marine-Generaloberärzte und Oberstabsärzte, deren Stationsort ihrer Zugehörigkeit nach Berlin ist, bleiben demjenigen Ehrengericht unterstellt, dem sie vor ihrem Übertritt nach Berlin angehörten.

Die Marine-Generaloberärzte und Oberstabsärzte des Beurlaubtenstandes (Reserve und Seewehr) unterstehen dem Ehrengericht in Kiel bzw. Wilhelmshaven, je nachdem sie für den Mobilmachungsfall der Ost- oder Nordseestation zugeteilt sind; die unter § 4 Ziffer 3 und 4 fallenden Sanitätsoffiziere mit Stabsoffizierrang bleiben demjenigen Ehrengericht unterstellt, welchem sie zur Zeit des Ausscheidens aus dem aktiven Dienst zugeteilt waren.

Sanitätsoffiziere niederen Grades sind den Ehrengerichten über Marine-Generaloberärzte und Oberstabsärzte in den Fällen unterworfen, in welchen sie mit solchen gemeinsam beteiligt sind.

§ 13. Während des Kriegszustandes ist jeder mit den gerichtsherrlichen usw. Befugnissen eines Stationschefs betraute Befehlshaber zur Bildung eines Ehrengerichts über Sanitätsoffiziere innerhalb seines Befehlsbereichs in derselben Weise berechtigt.

Durch AKO. v. 30/10 03 (MVBl. S. 421) ist weiterhin im Hinblick auf die gebildete aktive Schlachtflotte bestimmt:

Während des Kriegszustandes erhält jeder mit der höheren Gerichtsbarkeit zweiter Instanz betraute Befehlshaber in derselben Weise die Berechtigung zur Bildung eines Ehrengerichts über die Sanitätsoffiziere seines Befehlsbereichs.

IV. Vom Ehrenrat.

§ 13. (Marine: **§ 14.**) Bei jedem Ehrengericht wird ein Ehrenrat gebildet, der nach den Anordnungen des Leitenden —. Derselbe hat unter Leitung des Vorsitzenden — als dessen Organ die Geschäfte des Ehrengerichts zu führen hat.

Das älteste Mitglied des Ehrenrats ist Präses des Ehrenrats.

---

§ **13.** Vgl. § 14 OVO. nebst Anm.

§ 14. (Marine: **§ 15.**) Der Ehrenrat eines Ehrengerichts über — Marine — Stabsärzte, Ober= — Assistenz — und Assistenzärzte besteht aus:

zwei Stabsärzten und
einem Ober= oder Assistenzarzt —
einem Marine-Stabsarzt,
einem Marine-Oberassistenzarzt,
einem Marine-Assistenzarzt.

Er — Derselbe — wird aus den Mitgliedern des Ehrengerichts jedesmal auf ein Jahr durch relative Stimmenmehrheit derart gewählt, daß sämtliche Mitglieder den Ober= oder Assistenzarzt — Marine-Assistenzarzt — die Mitglieder im Stabsoffizier= und Hauptmannsrang die beiden Stabsärzte — vom Marine-Oberassistenzarzt aufwärts den Marine-Oberassistenzarzt, die Mitglieder vom Marine-Stabsarzt aufwärts den Marine-Stabsarzt — wählen. Gleichzeitig wird — sind — für jedes Mitglied des Ehrenrats in derselben Weise ein Stellvertreter gewählt — ein oder wenn angängig zwei Stellvertreter derart zu wählen, dass jeder für die betreffende Kategorie in Betracht kommende Wähler zwei bzw. drei Namen ohne besondere Bezeichnung der als Mitglieder oder Stellvertreter Vorgeschlagenen angibt. Aus der Berechnung der auf die Einzelnen gefallenen Stimmenzahl geht als Mitglied dasjenige hervor, welches die meisten Stimmen auf sich vereinigt. Der in der Stimmenzahl folgende wird erster, der nächste zweiter Stellvertreter.

Die nach Verlauf des Jahres ausscheidenden Mitglieder des Ehrenrats sind wieder wählbar.

Sind einzelne Dienstgrade unter den Mitgliedern des Ehrengerichts nicht vertreten, so wird in erster Linie aus den nächst niederen Dienstgraden in zweiter Linie aus den nächst höheren Dienstgraden gewählt.

Beförderung zu einem — in einen — höheren Dienstgrad bewirkt das Ausscheiden des betreffenden Mitgliedes aus dem Ehrenrat, — falls Ersatz für denselben innerhalb des Ehrengerichts vorhanden ist. —

§ 15. (Marine: **§ 16.**) Die Wahl des Ehrenrats hat am 1. September — 1. November — jeden Jahres oder in einem der nächstfolgenden Tage, — möglichst in gemeinsamer Vereinigung der wahlberechtigten Sanitätsoffiziere, — stattzufinden.

Den Wahlakt leitet der Divisionsarzt — Vorsitzende des Ehrengerichts (§ 11) —, die Wahl erfolgt durch Abgabe beziehungsweise Einsendung von Stimmzetteln.

Der neue Ehrenrat tritt in Tätigkeit, sobald die Wahl durch den Vorsitzenden festgestellt ist.

§ 16. (Marine: **§ 17.**) Ersatzwahlen für den Ehrenrat im Laufe des Jahres finden nur dann statt, wenn ein Mitglied und auch dessen Stellvertreter fehlt.

§ 18. Auch bei denjenigen außerhalb der heimischen Gewässer fahrenden selbständigen Divisionen, welche kein eigenes Ehrengericht zu bilden berechtigt sind, kann nach Maßgabe der §§ 15, 16, 17 für Marine-Stabsärzte,

---

§ **14.** Vgl. § 15 OVO. nebst Anm.
§ **15.** Vgl. § 17 OVO. nebst Anm.
§ **16.** Vgl. § 18 OVO. nebst Anm.

Oberassistenz- und Assistenzärzte ein Ehrenrat gebildet werden, wenn es der Divisionschef für nötig hält. In allen Fällen, wo ein Ehrenrat für Sanitätsoffiziere nicht erreichbar ist, ist der Ehrenrat für Seeoffiziere auch für die ehrengerichtlichen Angelegenheiten der Sanitätsoffiziere zuständig.

§ 17. Der Ehrenrat eines Ehrengerichts über Generaloberärzte und Oberstabsärzte besteht aus:

einem Generaloberarzt und

zwei Oberstabsärzten.

Er wird jedesmal aus denjenigen Mitgliedern des Ehrengerichts gebildet, welche bei ihrer Wahl als solche (§ 12) die meisten Stimmen erhalten haben.

§ 19. Der Ehrenrat eines Ehrengerichts über Marine-Generaloberärzte und Oberstabsärzte besteht aus:

einem Marine-Generaloberarzt und

zwei Marine-Oberstabsärzten.

Der Ehrenrat wird auf Anordnung des im § 12 bezeichneten Vorsitzenden aus den aktiven zu dem Bezirk des betreffenden Ehrengerichts gehörenden und am Lande sowie an Bord der in den heimischen Gewässern stationierten Schiffe befindlichen Marine-Generaloberärzten und Oberstabsärzten gewählt. Für jedes Mitglied des Ehrenrats werden gleichzeitig zwei Stellvertreter gewählt.

Die Wahl geschieht am 1. November jeden Jahres jedesmal auf 1 Jahr und durch relative Stimmenmehrheit derart, daß sämtliche stimmpflichtige Marine-Generaloberärzte und Oberstabsärzte an der Wahl der drei Mitglieder und der sechs Stellvertreter teilnehmen.

Mitglieder und Stellvertreter werden, wie im § 14 für den Ehrenrat der Marine-Stabsärzte etc. angegeben, gleichzeitig gewählt, so daß jeder Wähler 3 Marine-Generaloberärzte und 6 Oberstabsärzte ohne besondere Bezeichnung der als Mitglieder oder Stellvertreter Vorgeschlagenen anzugeben hat. Bei Stimmengleichheit entscheidet das Dienstalter in dem Dienstgrade. Die Mitglieder des Ehrenrats und deren Stellvertreter sind nach Ablauf der Wahlperiode wieder wählbar.

§ 20. Sind auf Schiffen eines im Auslande stationierten Geschwaders mindestens 7 Marine-Generaloberärzte bzw. Oberstabsärzte eingeschifft, so steht es dem Geschwaderchef frei, vorkommendenfalls einen Ehrenrat durch Wahl zu installieren.

§ 18. (Marine: **§ 21.**) Jeder Sanitätsoffizier hat das Recht, Handlungen und Unterlassungen jedes anderen Sanitätsoffiziers d e s D e u t s c h e n H e e r e s o d e r d e r M a r i n e — der Marine oder des Deutschen Heeres — welche dessen Ehre oder die des Standes gefährden oder verletzen, zur Kenntnis des Ehrenrats oder des direkten Vorgesetzten des Bezichtigten zu bringen.

§ 19. (Marine: **§ 22.**) Der Ehrenrat hat die Pflicht, sobald Handlungen oder Unterlassungen, welche die Ehre eines Sanitätsoffiziers gefährden oder verletzen können, zu seiner Kenntnis kommen, dem L e i t e n d e n — Vorsitzenden —

---

§ 17. Vgl. § 21 OVO. nebst Anm.

§ 18. Vgl. § 22 OVO. nebst Anm.

§ 19. Vgl. 23 OVO. nebst Anm.

davon Meldung zu machen. Dieser — Der Vorsitzende — entscheidet dann nach Anhörung des Ehrenrats, ob und auf welchem Wege die Sache weiter zu verfolgen ist.

§ 20. (Marine: **§ 23.**) Hält der Leitende — Vorsitzende — Ermittelungen zur Feststellung des Tatbestandes für nötig, so hat der Ehrenrat sie in seinem Auftrage vorzunehmen und ihm nach seiner Bestimmung über das Ergebnis mündlich oder schriftlich zu berichten.

Dasselbe gilt von Vorgängen, mit deren Feststellung der Leitende — Vorsitzende — den Ehrenrat ohne vorherige Anzeige des letzteren beauftragt.

Befinden sich die Mitglieder des Ehrenrats nicht an einem Orte, so hat der Leitende die Berechtigung, den Ehrenrat, wenn es ihm geboten erscheint, an einem von ihm zu bestimmenden Orte zur Erledigung der ihm übertragenen Geschäfte zusammentreten zu lassen.

§ 24. Die nach Maßgabe der §§ 20 und 18 auf Geschwadern, Divisionen und einzelnen Schiffen, welche ein eigenes Ehrengericht nicht zu bilden vermögen, aufgenommenen Verhandlungen des Ehrenrats werden durch den betreffenden Geschwader- etc. Chef an den Vorsitzenden (vgl. §§ 11 und 12) des zuständigen Ehrengerichts gesandt.

Mit den aus dem Auslande abzusendenden, abgeschlossenen Verhandlungen des Ehrenrats muß die Verteidigungsschrift sowie die Erklärung des Angeschuldigten wegen einer eventuellen Stellvertretung vor dem Gericht eingesandt werden. Läßt aber das Gutachten des Ehrenrats einen auf die im § 48, 5 und 6 angegebenen Strafen lautenden Spruch des Ehrengerichts erwarten, so ist der Angeschuldigte zur persönlichen Gestellung nach der Heimat zu überweisen.

§ 21. (Marine: **§ 25.**) Jeder den Ehrengerichten unterstellte Sanitätsoffizier hat das Recht, auf einen ehrengerichtlichen Spruch gegen sich selbst anzutragen, sowie die Pflicht, jedem Ehrenrat Rede zu stehen und Auskunft zu erteilen.

V. Von dem ehrengerichtlichen Verfahren.

§ 22. (Marine: **§ 26.**) Findet der Leitende — Vorsitzende —, daß die Handlung oder Unterlassung eines Sanitätsoffiziers ehrengerichtlichen Spruch erfordert, so hat er nach Feststellung des Tatbestandes die Entscheidung des Befehlshabers, welcher berechtigt ist, ein ehrengerichtliches Verfahren über den Bezichtigten anzuordnen (§ 23 [— Mar.: § 27 —]), einzuholen.

Dem hiernach zu erstattenden Berichte hat der Leitende — Vorsitzende —:

a) die bisherigen Verhandlungen nebst einem Gutachten des Ehrenrats, und

b) einen Personalbericht (nicht Qualifikationsbericht) des Bezichtigten beizufügen, welcher zugleich über dessen Führung das für den Zweck Notwendige erhalten muß — einen kurzen Auszug aus dem Personalbogen nebst Äußerungen über die Führung des Betreffenden, beides, soweit es für das ehrengerichtliche Verfahren in Betracht kommt, beizufügen. —

---

§ **20.** Vgl. § 24 OVO. nebst Anm.

§ **21.** Vgl. § 26 OVO. nebst Anm.

Kann der Leitende — Vorsitzende — den Personalbericht zu b. nicht selbst aufstellen, so hat er ihn im Wege der Requisition zu beschaffen.

Weder der Bericht noch die Gutachten dürfen die dem Sanitätsoffizier zur Last zu legende Handlung oder Unterlassung nach dem Grade der Strafbarkeit (Gefährdung der Standesehre usw.), welcher etwa als vorliegend angenommen wird, bezeichnen.

§ 23. (Marine: **§ 27.**) Das ehrengerichtliche Verfahren über einen — Marine — Stabsarzt, Ober- — Assistenz — oder Assistenzarzt anzuordnen, ist der Kommandeur derjenigen Division — im Bereich des Ehrengerichtes für Sanitätsoffiziere an Land der Chef derjenigen Marinestation — berechtigt, deren Ehrengericht der Bezichtigte unterstellt ist (§ 9) — zu welcher der Angeschuldigte gehört, bzw. der Gouverneur des Kiautschou-Gebietes. Die gleiche Berechtigung steht zu: den Chefs des I. Geschwaders und des Kreuzergeschwaders sowie denjenigen selbständigen Divisionschefs im Auslande, welche nach Maßgabe des § 7, II, 3 ein Ehrengericht für Sanitätsoffiziere zu bilden vermögen.

Die Anordnung des ehrengerichtlichen Verfahrens über einen Generaloberarzt oder Oberstabsarzt (§ 12) steht nur dem kommandierenden General zu, und während des Kriegszustandes dem nächsten mit gleichen Gerechtsamen betrauten, dem bezichtigten Sanitätsoffizier direkt vorgesetzten Befehlshaber.

An Stelle des Abs. 2 enthält die Verordnung für die Marine folgende Vorschriften:

Während des Kriegszustandes steht die gleiche Befugnis außer den vorstehend aufgeführten Vorgesetzten auch denjenigen Befehlshabern zu, welche die höhere Gerichtsbarkeit ausüben.

Die Anordnung eines ehrengerichtlichen Verfahrens über einen Marine-Generaloberarzt oder Oberstabsarzt (§ 12) steht den Stationschefs zu.

Während des Kriegszustandes ist der nächste mit gleichen Gerechtsamen betraute, dem bezichtigten Marine-Generaloberarzt oder Oberstabsarzt direkt vorgesetzte Befehlshaber berechtigt, das ehrengerichtliche Verfahren über einen Marine-Generaloberarzt oder Oberstabsarzt anzuordnen.

Durch AKO. v. 30. 10. 03 (MVBl. S. 421) ist weiterhin im Hinblick auf die gebildete aktive Schlachtflotte bestimmt:

Die Berechtigung zur Anordnung eines ehrengerichtlichen Verfahrens über einen Marine-Stabsarzt, Oberassistenz- oder Assistenzarzt steht dem Flottenchef zu.

§ 24. (Marine: **§ 28.**) Auf den Bericht des Leitenden — Vorsitzenden — (§ 22 — Mar.: § 26 —) entscheidet der Befehlshaber, welcher berechtigt ist, das ehrengerichtliche Verfahren anzuordnen, ob ein solches stattfinden soll. Er setzt, falls der Sanitätsoffizier, über welchen das Verfahren eingeleitet werden soll, nicht zu seinem Befehlsbereich gehört, dessen direkte Vorgesetzte hiervon sofort in Kenntnis.

Zugleich hat er darüber Bestimmung zu treffen, ob der Bezichtigte vom Dienst zu suspendieren ist, oder ob es bei der von dem Leitenden — Vorsitzenden des Ehrengerichts — etwa bereits verhängten Suspension vom Dienst das Bewenden

---

§ **22.** Vgl. § 27 OVO. nebst Anm.

§ **23.** Vgl. § 28 OVO. nebst Anm.

behalten soll. Gehört der Bezichtigte nicht zu seinem Dienstbereich, so hat er die Suspension — desselben — vom Dienst, wenn er sie für erforderlich erachtet, bei dessen zuständigem Vorgesetzten zu beantragen.

Die nach vorstehendem von dem Befehlshaber (§ 23 [— Mar.: § 27 —]) zu treffenden Entscheidungen erfolgen schriftlich. Es ist darin, wenn das ehrengerichtliche Verfahren angeordnet wird, so bestimmt als möglich auszusprechen, wegen welchen Verstoßes gegen die Standespflichten die ehrengerichtliche Untersuchung stattfinden soll, — ohne dass dabei dem ehrengerichtlichen Spruch durch Bezeichnung des Grades der Strafbarkeit vorgegriffen wird —.

§ 25. (Marine: **§ 29.**) Eine Berufung gegen die Entscheidung des im § 23 — Mar.: § 27 — bezeichneten Befehlshabers ist nur dann zulässig, wenn durch sie der Antrag eines Sanitätsoffiziers auf ein ehrengerichtliches Verfahren gegen sich selbst abgelehnt wird.

In diesem Falle ist Meine Entscheidung auf dem Instanzenwege (vgl. § 52) einzuholen.

§ 26. (Marine: **§ 30.**) Das ehrengerichtliche Verfahren findet in der Regel bei demjenigen Ehrengericht statt, dem der Angeschuldigte unterworfen ist (§§ 9, 12).

Beantragt letzterer jedoch aus erheblichen Gründen die Überweisung der Angelegenheit an ein anderes Ehrengericht, oder erscheint dem das ehrengerichtliche Verfahren anordnenden Befehlshaber — Vorgesetzten —, weil zahlreiche Mitglieder des Ehrengerichts zu nahe von dessen Gegenstand berührt sind, um unbefangen urteilen zu können, oder aus anderen erheblichen Gründen eine Abweichung von der Regel geboten, so kann der kommandierende General die Sache — gedachte Befehlshaber die Angelegenheit — an ein anderes Ehrengericht seines Befehlsbereichs verweisen oder (das gesperrt Gedruckte fällt für die Marine fort) bei Mir zur Bestimmung eines anderen Ehrengerichts zur Vorlage bringen.

§ 27. (Marine: **§ 31.**) Wenn gegen Sanitätsoffiziere, welche nicht einem und demselben Ehrengericht unterworfen sind, wegen einer gemeinsamen Handlung oder Unterlassung ein ehrengerichtliches Verfahren anzuordnen ist, so bestimmt der kommandierende General, an welches Ehrengericht die Sache verwiesen werden soll — oder wenn die Beteiligten Ehrengerichten der Marine und der Armee unterstehen, so haben die Befehlshaber, denen die Anordnung des ehrengerichtlichen Verfahrens in der Marine zusteht (§ 27) sich unter sich bzw. mit dem betreffenden kommandierenden General darüber zu einigen, welchem Ehrengerichte die Sache zu überweisen ist —.

Unterstehen die Beteiligten Ehrengerichten verschiedener Armeekorps oder Ehrengerichten des Heeres und der Marine, so haben die betreffenden kommandierenden Generale bzw. der kommandierende General und der Befehlshaber, dem die An-

---

§ 24. Vgl. § 29 OVO. nebst Anm. — Die Anordnung ehrengerichtlicher Untersuchung gegen einen Sanitätsoffizier ist durch die Korpsgeneralärzte zur Kenntnis des Generalstabsarztes der Armee zu bringen. Ebenso Ehrenhändel, bei denen ein Ausgleichsvorschlag nicht aufgestellt werden kann. Vfg. des Pr. KM. v. 12/2 02.

§ 25. Vgl. § 30 OVO. nebst Anm.

§ 26. Vgl. § 31 OVO. nebst Anm.

§ 27. Vgl. § 32 OVO. nebst Anm.

ordnung des ehrengerichtlichen Verfahrens in der Marine zusteht, sich darüber zu verständigen, ob ein ehrengerichtliches Verfahren stattzufinden hat, und welchem Ehrengericht es zu übertragen ist (dieser Absatz fällt für die Marine fort).

Findet hierüber keine Einigung statt, so ist durch den Ältesten Meine Entscheidung einzuholen.

§ 28. (Marine: **§ 32.**) Ist das ehrengerichtliche Verfahren angeordnet, so darf es vor Beendigung durch einen ehrengerichtlichen Spruch nicht wieder eingestellt werden. Auch wird die Zuständigkeit des mit dem Verfahren beauftragten Ehrengerichts durch Versetzung oder Verabschiedung des Angeschuldigten nicht aufgehoben.

§ 29. (Marine: **§ 33.**) Der Divisionsarzt bzw. der Korpsgeneralarzt, in dessen Händen die Leitung des Verfahrens beruht, — Vorsitzende — ist für diese — die Leitung des Verfahrens — verantwortlich. Von ihm erhält der Ehrenrat, dem die Führung der Untersuchung obliegt, die nötigen Direktiven.

Die Untersuchung wird schriftlich geführt. Sie muß sich, unter sorgfältiger Vermeidung jeder Weiterung, auf die Klarstellung der wesentlichen Tatsachen beschränken.

§ 30. (Marine: **§ 34.**) Der Leitende — Vorsitzende — veranlaßt die Vorladung des Angeschuldigten und der Zeugen. Sind sie am Orte anwesend, so geschieht ihre Vernehmung durch denjenigen Ehrenrat, der die Untersuchung führt, anderenfalls durch einen dazu requirierten, ihrem Aufenthaltsort nahen Ehrenrat oder durch ein Militär- oder Zivilgericht.

Ehrenräte, durch welche Vernehmungen zu bewirken sind, werden durch eine Requisition des Leitenden — Vorsitzenden — an ihren Vorgesetzten, Militärgerichte durch eine Requisition an den Gerichtsherrn dazu veranlaßt. Zivilgerichte werden zu demselben Zweck durch ein Militärgericht requiriert.

§ 31. (Marine: **§ 35.**) Die Vernehmungen durch den Ehrenrat geschehen protokollarisch. Zu ihrer Gültigkeit ist die Anwesenheit sämtlicher Mitglieder des Ehrenrats oder ihrer Stellvertreter erforderlich.

Der Angeschuldigte wird vor seiner Vernehmung von dem ihm zur Last Gelegten in Kenntnis gesetzt. Zeugen, welche Deutsche Offiziere oder Sanitätsoffiziere — den Ehrengerichten unterworfen — sind, werden nicht vereidigt, sondern versichern die Richtigkeit ihrer Aussage — nach Abgabe derselben — auf Ehre und Pflicht. Ist die Vereidigung anderer Zeugen notwendig, so geschieht sie stets durch ein dazu zu requirierendes Militär- oder Zivilgericht.

§ 32. (Marine: **§ 36.**) In die Akten des Ehrengerichts darf, solange die Sache nicht erledigt ist, nur dem Angeschuldigten oder dessen Verteidiger — und zwar nur im Beisein eines Mitgliedes des Ehrenrats — sowie den vorgesetzten Militärbehörden Einsicht gestattet werden.

Den zu requirierenden Behörden darf nur dasjenige mitgeteilt werden, was

§ 28. Vgl. § 33 OVO. nebst Anm.

§ 29. Vgl. § 34 OVO. nebst Anm.

§ 30. Vgl. § 35 OVO. nebst Anm.

§ 31. Vgl. § 36 OVO. nebst Anm.

§ 32. Vgl. § 37 OVO. nebst Anm.

zur Erledigung der Requisition erforderlich ist. — Erst nach Beendigung der Sache kann die Mitteilung der Akten an andere Behörden mit — nur in unabweislichen — baren — Fällen zu erteilender — Genehmigung des Befehlshabers erfolgen, dem die Anordnung des ehrengerichtlichen Verfahrens zustand.

§ 33. (Marine: **§ 37.**) In Fällen, bei denen dem ehrengerichtlichen Verfahren eine gerichtliche oder eine anderweitige ehrengerichtliche (§ 3) Untersuchung vorhergegangen ist, sind die Akten der letzteren dem ersteren, soweit sie für dessen Zwecke ausreichen (das gesperrt Gedruckte fällt für die Marine fort), zugrunde zu legen. Diejenigen Aktenteile, auf welche sich die militär-ehrengerichtliche Untersuchung stützt, sind entweder abschriftlich oder auszugsweise den ehrengerichtlichen Akten anzuschließen.

§ 34. (Marine: **§ 38.**) Bei Verschiedenheit der Ansichten innerhalb des Ehrenrats über das zu beobachtende Verfahren entscheidet der Leitende — Vorsitzende —.

Er ermächtigt den Ehrenrat, die Akten zu schließen, sobald er weitere Ermittelungen nicht erforderlich erachtet.

§ 35. (Marine: **§ 39.**) Kommen im Laufe einer ehrengerichtlichen Untersuchung neue Handlungen oder Unterlassungen des Angeschuldigten zur Sprache, welche nach der Ansicht des Leitenden — Vorsitzenden — ein ehrengerichtliches Verfahren erfordern, so ist von ihm — im Instanzenwege — bei dem Befehlshaber, welcher das ehrengerichtliche Verfahren angeordnet hat, die Ausdehnung der Untersuchung auf diese Anschuldigungspunkte zu beantragen und nach dessen Entscheidung weiter zu verfahren.

§ 36. (Marine: **§ 40.**) Bei dem Schluß der Untersuchung ist der Angeschuldigte durch den Ehrenrat darauf aufmerksam zu machen, daß und in welcher Weise er sich verteidigen darf.

Es ist ihm gestattet, dem Ehrenrat seine Verteidigung zu Protokoll zu geben oder eine selbst verfaßte Verteidigungsschrift einzureichen, auch demnächst vor versammeltem Ehrengericht mündlich seine Verteidigung zu wiederholen oder zu ergänzen.

Auch kann der Angeschuldigte sich durch einen anderen Sanitätsoffizier — Sanitätsoffizier oder anderen Offizier —, der aber einen niederen Dienstgrad als er selbst nicht bekleiden darf, schriftlich verteidigen lassen.

Die Einreichung einer Verteidigungsschrift hat binnen — der Frist von — 8 Tagen zu erfolgen. Die Frist beginnt mit dem auf das Schlußverhör folgenden Tage. Der Leitende — Vorsitzende — ist befugt, die Frist aus erheblichen Gründen zu verlängern.

§ 37. (Marine: **§ 41.**) Sodann wird in einer dazu von dem Leitenden — Vorsitzenden — zu berufenden Versammlung der Mitglieder des Ehrengerichts zum Spruch geschritten. Zweck der Versammlung ist, die Mitglieder des Ehrengerichts über die Sachlage vollständig zu unterrichten, ihnen die Möglichkeit zu

---

§ **33.** Vgl. § 38 OVO. nebst Anm.

§ **34.** Vgl. § 39 OVO. nebst Anm.

§ **35.** Vgl. § 40 OVO. nebst Anm.

§ **36.** Vgl. § 41 OVO. nebst Anm.

§ **37.** Vgl. § 42 OVO. nebst Anm.

geben, durch Austausch der Ansichten ihre Überzeugung zu klären und diese in einem Spruch zum Ausdruck zu bringen.

§ 38. Zur Spruchsitzung eines Ehrengerichts über Stabsärzte, Ober- und Assistenzärzte, die im allgemeinen im **Divisionsstabsquartier** stattfindet, werden alle stimmberechtigten Mitglieder des Ehrengerichts so eingeladen, daß auch auswärtige Mitglieder die Möglichkeit erhalten, daran teilzunehmen.

Stimmberechtigt sind alle Mitglieder des Ehrengerichts einschließlich der Sanitätsoffiziere im Stabsoffizierrange und des Leitenden (§ 5).

§ 42. Zur Spruchsitzung eines Ehrengerichts über Marinestabsärzte, Oberassistenz- und Assistenzärzte haben alle stimmpflichtigen Mitglieder des Ehrengerichts, welche am Garnisonort anwesend und nicht dienstlich verhindert sind, zu erscheinen. Der Termin für die Spruchsitzung ist so anzuberaumen, daß eine möglichst große Anzahl der stimmberechtigten Mitglieder des Ehrengerichts demselben beiwohnen kann. Findet nach § 7, II, 3 bei einer selbständigen Division außerhalb der heimischen Gewässer eine Spruchsitzung statt, so hat der Vorsitzende zur Teilnahme an derselben auch diejenigen stimmpflichtigen Mitglieder der Ehrengerichte für Sanitätsoffiziere zu requirieren, welche an Bord anderer gleichzeitig in demselben Hafen liegender Schiffe eingeschifft sind oder sich zu dienstlichen Zwecken dort am Lande befinden. Letzteres findet sinngemäße Anwendung auf die in Tsingtau abzuhaltenden Ehrengerichte der Sanitätsoffiziere des Kiautschougebietes.

Stimmpflichtig sind außer den dem betreffenden Ehrengericht unterstellten Sanitätsoffizieren auch der Vorsitzende desselben und die zum Befehlsbereich des Befehlshabers, welcher das ehrengerichtliche Verfahren angeordnet hat, gehörenden Sanitätsoffiziere im Stabsoffizierrange.

§ 39. Zur Spruchsitzung eines Ehrengerichts über Generaloberärzte und Oberstabsärzte werden die Mitglieder bzw. die nötigen Stellvertreter an einem Orte vereinigt.

§ 43. Die Spruchsitzung eines Ehrengerichts über Marine-Generaloberärzte und Oberstabsärzte ist so anzuberaumen, daß eine möglichst große Anzahl der stimmberechtigten Mitglieder des Ehrengerichts derselben beiwohnen kann.

§ 40. (Marine: **§ 44.**) Der Angeschuldigte ist, soweit — sofern — er nicht auf das Recht der persönlichen Anwesenheit in der Spruchsitzung (vgl. § 36 — Mar.: § 40 —) verzichtet hat, rechtzeitig davon in Kenntnis zu setzen, wann und wo die Spruchsitzung stattfinden wird.

Etwaige Anträge auf Ausschließung einzelner Mitglieder des Ehrengerichts von der Abstimmung sind von dem Angeschuldigten (§ 26) so zeitig anzubringen, daß darüber noch vor der Spruchsitzung von dem zur Anordnung des ehrengerichtlichen Verfahrens berechtigten Befehlshaber entschieden werden kann.

Diese Entscheidung ist eine endgültige.

Außerdem sind durch den Leitenden — von dem Vorsitzenden — von der Teilnahme am Spruch des Ehrengerichts auszuschließen: Ankläger, Zeugen,

---

§ **38.** Vgl. § 43 OVO. nebst Anm.

§ **39.** Vgl. § 45 OVO. nebst Anm.

Verteidiger, nahe Verwandte und Schwäger des Angeschuldigten, sowie diejenigen, welche sich selbst in einer gerichtlichen oder ehrengerichtlichen Untersuchung befinden. Zu den nahen Verwandten werden nur gezählt: der Vater, die Söhne, Brüder rechte Onkel, rechte Neffen und die rechten Geschwisterkinder.

Mitglieder des Ehrengerichts, welche hiernach von der Teilnahme an dem Spruch nicht ausgeschlossen, an dem Orte, wo die Spruchsitzung stattfindet, anwesend und weder krank noch durch den Dienst verhindert sind, dürfen sich der Beteiligung am Spruch des Ehrengerichts nicht entziehen.

§ 41. (Marine: **§ 45.**) Zu einem gültigen Spruch ist die Teilnahme von mindestens 6 stimmfähigen Mitgliedern — Abgabe von mindestens sechs Stimmen —, den Leitenden — Vorsitzenden — mit inbegriffen, erforderlich.

Kann die hiernach notwendige Zahl von Stimmen voraussichtlich nicht abgegeben werden, so ist die Untersuchung nach darüber einzuholenden Bestimmungen des kommandierenden Generals einem anderen Ehrengerichte zum Spruch zu überweisen. Auch kann der kommandierende General in solchen Fällen mehrere Ehrengerichte zu einem vereinigen, wobei er zu bestimmen hat, wem die Befugnisse des Befehlshabers und wem diejenigen des Leitenden zufallen sollen.

An Stelle des Abs. 2 bestimmt die Marine-VO.:

Können voraussichtlich nicht mindestens sechs Stimmen abgegeben werden, so ist die Untersuchung von demjenigen Befehlshaber, welcher das ehrengerichtliche Verfahren angeordnet hat, Mir zur Bestimmung eines anderen Ehrengerichts vorzulegen.

§ 42. (Marine: **§ 46.**) Von jeder von der Regel abweichenden Bestimmung oder Zusammensetzung eines Ehrengerichts zur Fällung des Spruchs ist dem Angeschuldigten Nachricht zu geben, um ihn in den Stand zu setzen, noch vor der Spruchsitzung seine Gründe für etwaige Ablehnung einzelner Mitglieder zur Kenntnis des Befehlshabers zu bringen, welcher eine solche Anordnung getroffen hat.

§ 43. (Marine: **§ 47.**) In der Spruchsitzung werden zunächst vom Ehrenrate die Akten, einschließlich der etwa eingereichten Verteidigungsschrift, vollständig verlesen. Der Angeschuldigte darf hierbei gegenwärtig sein und eine mündliche Verteidigung anschließen. Die Vertretung des Angeschuldigten durch einen anderen ist unstatthaft.

Hieran reiht sich, nachdem der etwa erschienene Angeschuldigte aus der Versammlung entlassen ist, das Verlesen — die Verlesung — eines vom Ehrenrate verfaßten, schriftlichen, begründeten und einen bestimmten Antrag enthaltenden Gutachtens. Letzteres — Dasselbe — hat die Ausführungen der etwa eingereichten Verteidigungsschrift zu würdigen.

Demnächst folgt eine gemeinsame Beratung unter dem Vorsitz des Leitenden — vom Vorsitzenden zu leitende gemeinsame Beratung —.

Die Mitglieder des Ehrengerichts werden nicht vereidigt, jedoch nach Schluß der Beratung vom Leitenden — Vorsitzenden — aufgefordert, „als Ehren-

---

§ **40.** Vgl. § 46 OVO. nebst Anm.

§ **41.** Vgl. § 47 OVO. nebst Anm.

§ **42.** Vgl. § 49 OVO. nebst Anm.

§ **43.** Vgl. § 50 OVO. nebst Anm.

männer ohne Leidenschaft nach Pflicht und Gewissen und mit Erwägung der einwirkenden besonderen Verhältnisse ihre Stimmen abzugeben".

Bei der darauf folgenden Abstimmung gibt jedes Mitglied des Ehrengerichts seine Stimme mündlich ab.

Der Ehrenrat hat über die ganze Verhandlung ein Protokoll zu führen, in welchem die Abstimmung jedes einzelnen Mitgliedes ersichtlich gemacht und die betreffende Stelle des Protokolls von diesem selbst unterschrieben werden muß.

Wenn Mitglieder des Ehrengerichts an der Abstimmung teilzunehmen verhindert sind, so sind sie unter Angabe des Hinderungsgrundes am Schluß des Protokolls namhaft zu machen.

§ 44. (Marine: **§ 48.**) Der Spruch des Ehrengerichts kann lauten:

1. auf **Unzuständigkeit,** wenn das Ehrengericht der Ansicht ist, daß der Fall sich überhaupt nicht zur ehrengerichtlichen Behandlung eigne, oder daß ein anderes Ehrengericht das zuständige sei;
2. auf **Vervollständigung der Untersuchung,** wenn das Ehrengericht eine solche — um sich eine bestimmte Überzeugung bilden zu können, für nötig und möglich hält;
3. auf **Freisprechung,** wenn das Ehrengericht der Überzeugung ist, daß die dem Angeschuldigten zur Last gelegte Gefährdung oder Verletzung der Standesehre nicht stattgefunden habe;
4. auf **Schuldig der Gefährdung der Standesehre** unter Beantragung der Erteilung **einer Warnung,** wenn das Ehrengericht der Überzeugung ist, daß der Angeschuldigte durch das ihm zur Last fallende Verhalten nicht unwürdig geworden ist, im Dienst belassen zu werden;
5. auf **Schuldig der Verletzung der Standesehre** unter Beantragung **der Entlassung mit schlichtem** Abschied, wenn das Ehrengericht der Überzeugung ist, daß der Angeschuldigte in seiner Dienststellung nicht belassen werden kann;
6. auf **Schuldig der Verletzung der Standesehre unter erschwerenden Umständen** unter Beantragung der **Entfernung aus dem Sanitätsoffizierstande,** wenn das Ehrengericht der Überzeugung ist, daß der Angeschuldigte dem Stande ferner anzugehören unwürdig geworden ist.

§ 45. (Marine: **§ 49.**) Die Entlassung mit schlichtem Abschied hat den Verlust der Dienststelle; die Entfernung aus dem Sanitätsoffizierstande außerdem noch den Verlust des Sanitätsoffiziertitels zur unmittelbaren Folge.

§ 46. (Marine: **§ 50.**) Bei inaktiven Sanitätsoffizieren (§ 4 Nr. 4) tritt an die Stelle der Entlassung mit schlichtem Abschied der Verlust des Rechts, die Militäruniform zu tragen; an die Stelle der Entfernung aus dem Sanitätsoffizierstande außerdem noch der Verlust des Sanitätsoffiziertitels.

§ 47. (Marine: **§ 51.**) Die Abstimmung geschieht derart, daß zuerst der Ehrenrat, dann sämtliche übrige anwesende Mitglieder des Ehrengerichts nach ihrem Dienstalter von unten an, zuletzt der Leitende — Vorsitzende —, ihre Stimme dem Ehrenrat abgeben.

Haben mehrere Handlungen und — oder — Unterlassungen desselben Sani=

---

§ **44.** Vgl. § 51 OVO. nebst Anm.

§ **45.** Vgl. § 52 OVO. nebst Anm.

§ **46.** Vgl. § 53 OVO. nebst Anm.

tätsoffiziers den Gegenstand der Untersuchung gebildet, so ist gegen den Angeschuldigten, falls er für schuldig befunden wird, stets nur auf eine der in den §§ 44, 46 — Mar.: §§ 48 und 50 — angegebenen Strafen anzutragen.

Hat das Ehrengericht über mehrere Sanitätsoffiziere einen Spruch zu fällen, so wird zuerst die Abstimmung über einen abgeschlossen und dann die über den andern begonnen.

Jedes Mitglied des Ehrengerichts ist verpflichtet, ein den Bestimmungen der §§ 44, 46 — Mar.: §§ 48 und 50 — entsprechendes Votum abzugeben. Ist die Ansicht vertreten, daß das Ehrengericht nicht zuständig sei, oder daß die Verhandlungen zu vervollständigen seien, so ist zuerst hierüber abzustimmen.

§ 48. (Marine: **§ 52.**) Hält die Mehrheit der Stimmenden das Ehrengericht für nicht zuständig, so ist auf dem Instanzenwege Meine Entscheidung einzuholen.

Ist nur eine Minderheit der Stimmenden dieser Ansicht, so sind diese dennoch verpflichtet, über Schuld oder Nichtschuld des Angeschuldigten nach Maßgabe der §§ 44, 46 — Mar.: §§ 48 und 50 — ihre Stimme abzugeben.

§ 49. (Marine: **§ 53.**) Hält die Mehrheit der Stimmenden dafür, daß die Untersuchung zu vervollständigen sei, so ist das hiernach Erforderliche durch den Leitenden — Vorsitzenden — zu veranlassen und die endgültige — definitive — Abstimmung, bis dies geschehen, auszusetzen.

Ist nur die Minderheit der Stimmenden dieser Ansicht, so sind diese dennoch verpflichtet, über Schuld oder Nichtschuld des Angeschuldigten nach Maßgabe der §§ 44, 46 — Mar.: §§ 48 und 50 — ihre Stimme abzugeben.

§ 50. (Marine: **§ 54.**) Ein gültiger Spruch des Ehrengerichts entsteht, wenn mehr als die Hälfte der Stimmenden ein gleichlautendes Votum abgegeben haben. Ist dies nicht der Fall, so werden die für die härteste Ansicht abgegebenen Stimmen der oder den nächst milderen bis zur Erlangung der absoluten Stimmenmehrheit zugezählt und gilt alsdann das auf diese Weise erlangte Ergebnis als Spruch des Ehrengerichts.

Bei Stimmengleichheit entscheidet die Stimme des Leitenden — Vorsitzenden —.

§ 51. (Marine: **§ 55.**) Das Ergebnis der Abstimmung wird dem Ehrengericht sofort mitgeteilt. Die Mitglieder werden sodann zur Verschwiegenheit über die Verhandlungen bis nach erfolgter Bekanntmachung des Spruchs an den Angeschuldigten mit dem Hinzufügen aufgefordert, daß, wer hiergegen handelt, eine Pflicht des Sanitätsoffizierstandes verletzt; das Protokoll wird geschlossen und die Versammlung entlassen.

§ 52. (Marine: **§ 56.**) Demnächst läßt der Leitende — Vorsitzende — durch den Ehrenrat den Spruch des Ehrengerichts in Form eines Erkenntnisses ausfertigen.

---

§ **47.** Vgl. § 54 OVO. nebst Anm.
§ **48.** Vgl. § 55 OVO. nebst Anm.
§ **49.** Vgl. § 56 OVO. nebst Anm.
§ **50.** Vgl. § 57 OVO. nebst Anm.
§ **51.** Vgl. § 58 OVO. nebst Anm.
§ **52.** Vgl. § 59 OVO. nebst Anm.

Die Ausfertigung muß außer dem Spruch des Ehrengerichts die nötigen Nachrichten über die persönlichen Verhältnisse des Angeschuldigten, eine Darstellung des Sachverhalts und die Angabe der Entscheidungsgründe enthalten. Sie gelangt nebst den Akten und einem kurzen Aktenauszug an den — denjenigen — Befehlshaber, der das Ehrengericht angeordnet hat — hatte —, und wird, nachdem sie den militärischen Dienstweg durchlaufen — hat —, durch den Generalstabsarzt der Armee — Marine — Meiner Entscheidung unterbreitet.

Die Befehlshaber, durch deren Hand die Ausfertigung des Spruchs des Ehrengerichts hierbei geht, sowie der Generalstabsarzt der Armee — Marine —, haben sich darüber, ob sie dem Spruch — demselben — beitreten oder nicht, eingehend zu äußern und zugleich ihre etwaigen wesentlichen Ausstellungen gegen die formelle Behandlung der Sache zu Meiner Kenntnis zu bringen.

§ 53. (Marine: **§ 57.**) Die Entscheidung, welche Ich auf Grund des Mir vorgelegten Spruchs des Ehrengerichts treffe, ist dem Angeschuldigten gleichzeitig mit diesem bekannt zu machen.

Lautet Meine Entscheidung auf Freisprechung oder auf eine Warnung, so erfolgt die Bekanntmachung durch den Leitenden — Vorsitzenden — in Gegenwart des Ehrenrats; in allen anderen Fällen erfolgt sie durch den Ehrenrat.

§ 54. (Marine: **§ 58.**) Nach der Bekanntmachung an den Angeschuldigten erfolgt durch den Leitenden — Vorsitzenden — die Mitteilung des Spruchs des Ehrengerichts nebst Meiner Entscheidung (§ 53 — Mar.: § 57 —) und, wenn es gewünscht wird, der Akten an diejenigen — Marine — Vorgesetzten des Angeschuldigten, welche bei dem Ehrengericht nicht mitgewirkt haben. Ist der Angeschuldigte ein inaktiver (§ 4 Nr. 4) oder ein dem Beurlaubtenstande angehöriger Sanitätsoffizier, der zugleich als Beamter im Reichs- oder Staatsdienst angestellt ist, so ist eine Abschrift der Ausfertigung des Spruchs des Ehrengerichts und Meiner Entscheidung der ihm vorgesetzten Dienstbehörde zu übersenden und auf Verlangen nähere Auskunft über die Veranlassung des Spruchs zu erteilen.

Außerdem ist den Mitgliedern des Ehrengerichts, welches — welche — den ehrengerichtlichen Spruch gefällt hat — haben —, von Meiner Entscheidung Kenntnis zu geben; auch kann auf besonderen Antrag denjenigen Offizieren und Sanitäsoffizieren, die an der Untersuchung als Ankläger oder Zeugen teilgenommen haben, und denjenigen Behörden, von denen etwa die Anschuldigung ausgegangen ist, von dem Ausgang der Sache Kenntnis gegeben werden.

§ 55. (Marine: **§ 59.**) Gegen einen ehrengerichtlichen Spruch, über welchen Ich Entscheidung getroffen habe, ist nur mit Meiner Genehmigung ein weiteres Verfahren zulässig, und behalte Ich Mir vor, darüber eintretendenfalls das Weitere zu bestimmen.

---

§ 53. Vgl. § 60 OVO. nebst Anm.

§ 54. Vgl. § 61 OVO. nebst Anm.

§ 55. Vgl. § 62 OVO. nebst Anm. — Bezüglich der Beilagen, die Muster zu Vernehmungen usw. im ehrengerichtlichen Verfahren enthalten, vgl. die inhaltlich gleichlautenden und vorbildlich gewesenen Beilagen zur OVO.

V. Allerhöchste Verordnung
über die
Ehrengerichte der Sanitätsoffiziere der Kaiserlichen Schutztruppen.
Vom 7. November 1901.

Auf den Mir gehaltenen Vortrag befehle Ich hiermit, daß die Verordnung über die Ehrengerichte der Sanitätsoffiziere im Preußischen Heere vom 9. April 1901 auf die Sanitätsoffiziere Meiner Schutztruppen mit folgenden Maßgaben Anwendung zu finden hat:

1. An der Bildung von Ehrengerichten teilzunehmen sind berechtigt die deutschen Sanitätsoffiziere, welche als solche im Etat einer Schutztruppe stehen oder die Uniform des Sanitätsoffizierkorps der Schutztruppen tragen.
2. Ehrengerichte über Stabsärzte, Ober- und Assistenzärzte bestehen bei denjenigen Schutztruppen, bei welchen sich einschließlich des Leitenden mindestens 6 stimmberechtigte Mitglieder befinden.
3. Die in Deutschland sich aufhaltenden Sanitätsoffiziere der Schutztruppen werden durch den kommandierenden General des Gardekorps einem Ehrengericht seines Befehlsbereichs unterstellt.
4. Das Ehrengericht über Stabsärzte, Ober- und Assistenzärzte wird durch den ältesten Sanitätsoffizier des Schutzgebietes geleitet.
5. Das ehrengerichtliche Verfahren über einen Stabsarzt, Ober- oder Assistenzarzt anzuordnen, ist der Kommandeur derjenigen Schutztruppe berechtigt, deren Ehrengericht der Bezichtigte unterstellt ist.

   Auf den Stellvertreter im Kommando geht diese Befugnis nur über, sofern derselbe Stabsoffizier ist. Andernfalls tritt der Kommandeur derjenigen Division ein, deren Ehrengericht die in Deutschland sich aufhaltenden Sanitätsoffiziere der Schutztruppen unterstellt sind.
6. Generaloberärzte und Oberstabsärzte der Schutztruppen unterstehen dem Ehrengericht über Generaloberärzte und Oberstabsärzte des Gardekorps.
7. Der Ehrenrat eines Ehrengerichts über Stabsärzte, Ober- und Assistenzärzte besteht aus 3 Sanitätsoffizieren dieser Dienstgrade, unter denen sich mindestens 1 Stabsarzt befindet.
8. Die Wahl des Ehrenrates hat am 1. November jeden Jahres oder einem der nächstfolgenden Tage durch Abgabe bzw. Einsendung von Stimmzetteln zu erfolgen.

   Der neue Ehrenrat tritt in Tätigkeit, sobald die Wahl durch den Leitenden festgestellt ist.
9. Bei Schutztruppen, die ein eigenes Ehrengericht nicht bilden können, kann ein aus zwei Sanitätsoffizieren — möglichst aus einem Stabsarzt und einem Ober- oder Assistenzarzt — bestehender Ehrenrat gebildet werden. In diesem Falle hat der Kommandeur die erforderlich werdenden Ermittelungen durch den Ehrenrat, oder, falls auch ein solcher nicht besteht, in geeigneter Weise so weit zu bewirken, daß er in der Lage ist, nach Maßgabe des § 22 der Allerhöchsten Verordnung über die Ehrengerichte der Sanitätsoffiziere im

Preußischen Heere vom 9. April 1901 an den Kommandeur derjenigen Division, deren Ehrengericht die in Deutschland sich aufhaltenden Sanitätsoffiziere der Schutztruppen unterstellt sind, Bericht zu erstatten.

10. In allen Fällen, in denen der Ehrenrat für Sanitätsoffiziere nicht erreichbar ist und der Fall eine schleunige Behandlung verlangt, kann der Ehrenrat für Offiziere der Schutztruppe für die Erledigung der unaufschiebbaren Ermittelungen herangezogen werden.

11. Die Leitenden und Ehrenräte sowie die Gerichte des Heeres, der Marine und der Schutztruppen haben den gegenseitigen Ersuchen um Vernehmungen und um sonstige Gewährung von Rechtshilfe Folge zu geben.

12. Zur Spruchsitzung eines Ehrengerichts genügt die Anwesenheit von 5 stimmfähigen Mitgliedern, den Leitenden mit inbegriffen, falls die Heranziehung einer größeren Zahl von Mitgliedern wesentlichen Zeitaufwand erfordern würde.

13. Von der Anordnung der förmlichen ehrengerichtlichen Untersuchung gegen einen Sanitätsoffizier der Schutztruppen ist dem Reichskanzler (Oberkommando der Schutztruppen) durch den zuständigen Befehlshaber ungesäumt Kenntnis zu geben.

Neues Palais, den 7. November 1901.

Wilhelm.

Graf v. Bülow.

An den Reichskanzler.

Sachregister.

(Die Zahlen bezeichnen die Seiten.)

Druck von Lippert & Co. (G. Pätz'sche Buchdr.), Naumburg a. S.

FSC
www.fsc.org
MIX
Papier | Fördert
gute Waldnutzung
FSC® C083411

Kolibri 360 GmbH
Ferdinand-Jühlke-Straße 7
99095 Erfurt, Deutschland
produktsicherheit@kolibri360.de